Portugal

Mit dem Gesicht zum Meer

Werner Richner
Fotos
Hermann Ebeling
Texte

G. Braun

Portugal

Mit dem Gesicht zum Meer

G.BRAUN BUCHVERLAG

Gestaltung: Robert Dreikluft

Satz: Barbara Herrmann, Freiburg

Lithos: Specht-Reprotechnik, Karlsruhe

Die Deutsche Bibliothek – CIP-Einheitsaufnahme

Portugal : mit dem Gesicht zum Meer / Werner Richner Fotos.
Hermann Ebeling Texte. – Karlsruhe : Braun, 1996
ISBN 3-7650-8162-0
NE: Richner, Werner; Ebeling Hermann

Inhalt

Land zwischen Meer und Melancholie – Bom dia, Portugal

Portugal liegt ganz nah: nur drei, vier Flugstunden trennen uns von dem kleinen Land im äußersten Südwesten Europas, und der Reisende fühlt sich in seiner sonnigen Urlaubswelt – meistens an der Algarve – denn auch schnell heimisch. Aber Portugal liegt auch fern, sehr weit weg von unserer mitteleuropäischen Welt. Mit ein bißchen Sensibilität spürt man in Portugal bald einen anderen Lebensrhythmus, ein anderes Lebensgefühl, eine andere Art, mit dem Alltag umzugehen und mit seinen Problemen fertig zu werden.

Zwischen Meer und Melancholie haben die Natur und die Geschichte ein Volk mit einer eigenen Physiognomie und einem ganz unverwechselbaren Charakter entstehen lassen. Portugal hatte im fünfzehnten Jahrhundert die Welt entdeckt, hat dann, als es dieser Welt wieder verlustig gegangen war, verdrossen am Rande Europas gelebt, sich auf sich selbst zurückgezogen, sich bespiegelt, betrachtet, in Frage gestellt und bemitleidet: Wer bin ich eigentlich angesichts der großen Welt? Wer bin ich angesichts des rätselhaften Universums? Soviele Portugiesen – soviele Antworten.

Jahrhundertelang lag das Land in einem gesellschaftlichen Dornröschenschlaf. Noch 1972, gerade zwei Jahre vor der großen Wende, vor der „Nelkenrevolution", schrieb ein portugiesischer Dichter – mit oder ohne Ironie – von der Glückseligkeit, nichts zu sein:

Portugiesisches Selbstbildnis

Vom großen Menschenatlas nur ein Menschenstrich,
Hier, in der Sonne und im Westen, schlummre ich;
Der Mantel der Unendlichkeit
Bekleidet meine Nichtigkeit;
Das himmelblaue Meer zur Seite
Leiht meinem blauen portugiesischen Nirwana
Weite.
...
Ich lebte vor der Stunde mein Erleben.
Nun vegetiere ich.
Glückselig nichts zu sein,
Nichts zu erstreben,
Und nichts zu fühlen,
Dankbar dem Meer, mich niemals mehr zu wecken,
Dankbar dem Himmel auch, mich immer zu bedecken.

(Miguel Torga)

Und 1974 wurde Portugal dann durch einen unblutigen Militärputsch nach vierzigjähriger Diktatur wieder auf den Weg der Demokratie gebracht – ein ziemlich unerhörtes Ereignis in der Geschichte. Portugal ist eben anders.

Dabei: wenn sogenannte natürliche Grenzen eine Voraussetzung für Länder und Territorien wären, dann dürfte es Portugal eigentlich gar nicht geben, dann müßte die iberische Halbinsel ein einziges Staatsgebiet sein, und in der Tat hat Spanien ja auch lange genug versucht, die portugiesische Schwesternation in die erdrückende politische Umarmung zu nehmen, nicht anders in den Jahrzehnten

spanischer Herrschaft von 1580 bis 1640 als in den ewigen spanisch-portugiesischen Kämpfen des Mittelalters.
Aber Portugal hat sich seine Unabhängigkeit erkämpft und bewahrt, hatte schon um die Mitte des dreizehnten Jahrhunderts die Mauren vertrieben, während in Spanien die „Reconquista" erst 1492 beendet war. Und wenn es an natürlichen Grenzen zu Spanien auch mangelt – mit Ausnahme der Flüsse Guadiana im Südosten und des Minho im Nordwesten –, so bietet Portugal doch eine ganze Folge eigener Landschaftsbilder; fast wundert man sich, daß die Natur und der Mensch auf so begrenztem Raum so viele verschiedene Szenerien zuwege gebracht haben.
Früher durchfuhr man Portugal von Norden her und gelangte dann, wenn man Neugier und Abenteuerlust aufbrachte, bis hinunter zu der verschlossenen Welt der Algarve, einem nordafrikanisch anmutenden Landstrich mit seinem subtropischen Klima. Heute erschließt sich dem Frankfurt-Faro-Urlauber das Land eher von Süden her: von der Algarve über die großartig-monotone Hügellandschaft des Alentejo zum vielfältigen Grün der Estremadura und dann hinauf in den Gemüsegarten des Minho oder die hinterwäldlerische Berglandschaft Trás-os-Montes. Nicht zu vergessen natürlich die beiden großen Städte Lissabon und Porto.
Portugals Geschichte war bewegt, und überall im Land stößt man auf Spuren dieser Vergangenheit: an die römischen Jahrhunderte erinnern der Diana-Tempel in Évora oder die Ruinen Conimbrigas. Aus westgotischer Zeit haben sich ein paar Dorfkirchen und Kapellen erhalten, die Bauwerke der Mauren aber sind alle den Stürmen der Zeit zum Opfer gefallen. Doch maurischer Stil und Geschmack hat in den Azulejos, diesen aus der arabischen Welt stammenden, meist blauen Kacheln überlebt, die fast zu einem Wahrzeichen Portugals geworden sind. Überall im Land zieren sie, zu Bildern oder Mustern zusammengesetzt, die Wände kirchlicher und profaner Gebäude: die „portugiesischste Offenbarung dekorativer Anmut" hat man sie genannt (Paul Dony).
Und dann die großen Klöster des Landes, jedes von ihnen ein Höhepunkt der Architektur und die Erinnerung an eine Epoche der portugiesischen Geschichte: Tomar als Ordensburg der Tempelherren und Christusritter, Alcobaça als Symbol für den Sieg über die Mauren, Batalha als Denkmal für den Sieg über die Spanier, Belém als augenfälliges Symbol portugiesischer Weltentdeckung und Weltherrschaft, Mafra schließlich – ein geistiger und architektonischer Abgesang.
Pombals Lissabon gehört zum Bild Portugals, wiederaufgebaut nach dem verheerenden Erdbeben von 1755, und die gewaltigen Eisenbrücken des neunzehnten Jahrhunderts über den Douro. Und was wird aus unserem Jahrhundert, dem zwanzigsten, bleiben? Der gigantische Beton-Christus, der wie ein Menetekel am Ufer des Tejo bei Lissabon steht? Oder die Autobahnen, die so schnell übers Land wachsen, daß die Straßenkarten beim Erscheinen immer schon veraltet sind? Die Hotelburgen an der Algarve oder die Wohnsilos am Rand der großen Städte oder die Schilder, von denen das Land übersät ist: „Hier wird gebaut mit Fördermitteln der EG"?
Eines aber ist sicher: auch das alte, das „ewige" Portugal wird bleiben, das Land der Korkeichen und der Olivenbäume, das Land des Portweins und des vinho verde, das Land der Dichter Luís de Camões und Fernando Pessoa, das Land der Saudade und des Fado, dieses Schreis der portugiesischen Seele.
Freilich, inzwischen gibt es auch ein Echo auf diesen Schrei: während im aufgeputzten und sorgfältig hergerichteten Fado-Lokal die Fadista ihrem Lebenskummer ergreifenden Ausdruck gibt, fragt sich mancher Portugiese und mancher Freund des Landes, ob es denn nun für eine Weile nicht genug sei mit Weltschmerz und ähnlich Unzeitgemäßem. Läßt sich da nicht ein ganzes Volk in das Klischee eines fragwürdigen Nationalcharakters pressen, in das Korsett einer Bilderbuchfigur? Schon kurz nach dem Ende des Zweiten Weltkriegs empörte sich die französische Schriftstellerin Simone de Beauvoir über die Routine-Diskussionen auf den Cocktailparties in Lissabon:

All das dumme Gewäsch über die Geheimnisse und die Melancholie der portugiesischen Seele! Von sieben Millionen Portugiesen können sich nur siebzigtausend satt essen. Die Menschen sind traurig, weil sie hungern.

Fünfzig Jahre sind seitdem vergangen, aber Armut gibt es in Portugal noch immer, auch wenn sie sich hinter dem Bauboom verbirgt, wenn sie hauptsächlich in den ländlichen Gebieten herrscht.
Im Gefolge der Nelkenrevolution von 1974 war es zu spontanen Landbesetzungen im Alentejo, der klassischen Region des Großgrundbesitzes, gekommen. Die Landarbeiter schlossen sich zu landwirtschaftlichen Produktionsgenossenschaften zusammen, denen es aber, einer restaurativen Politik gegenüber, nicht gelang, sich zu etablieren. Heute herrscht im Alentejo wieder der Großgrundbesitz. Die von der EG geförderte Modernisierung der Landwirtschaft führt zu Arbeitslosigkeit und Landflucht. Andererseits aber muß Portugal Nahrungsmittel importieren!
Nein, noch ist Portugal nicht ein Land wie alle anderen. Es ist im Umbruch, es ist „unfertig", aber es hat nicht nur seine Vergangenheit, es hat auch seine Zukunft.

Landarbeiterin bei der Pinienernte in den Wäldern südlich von Alcácer do Sal: „Ganz vergessener Völker Müdigkeiten / Kann ich nicht abtun von meinen Lidern" (Hugo von Hofmannsthal).

Von Lebensfreude und Vitalität sprechen die farbenfrohen Fischerboote an Portugals Küsten – hier in Albufeira.

Nächste Seite:

An der Mündung des Rio Arade: hier das Fischerdorf Ferragudo – dort die Skyline von Praia da Rocha; im Vordergrund Margeriten und eine einsame Agave.

In manchen Augenblicken, im Licht des Morgens, gewinnt selbst der populäre Sandstrand von Praia da Rocha die Unschuld des ersten Tages zurück.

Lissabon: Ein Topf roter Farbe, ein bißchen Liebe zur Geometrie, und die Hauswand ist verwandelt, letztes Jahr trug sie noch Gelb.

In der Alfama, der Altstadt von Lissabon: Fußgängerzone – und jeder der ungezählten Pflastersteine reflektiert ein Stückchen des portugiesischen Himmels.

Als wenn der blaue Ozean nicht ausreichen würde – überall im Land sind Bauwerke mit Azulejos, den blauen Fliesen, verziert. Hier die ehemals romanische Kirche São Lourenço bei Almansil (westlich von Faro), 1730 durch Policarpo de Oliveira Bernardes, einen der berühmten Keramikkünstler, ganz und gar ausgekachelt.

Batalha, das Kloster Santa Maria de Vitória: In vollkommener Harmonie leuchtet die Fassade der Kirche, ein Meisterwerk der europäischen Gotik, im abendlichen Licht.

Alcobaça: Die glaubensstolze Prunkfassade aus dem Barock verrät nichts von der ergreifenden und gleichzeitig majestätischen Schlichtheit des dahinterliegenden zisterziensischen Kirchenraumes.

Zu den Höhepunkten der im Zeitalter König Manuels I. entstandenen Manuelinik, dieser Mischung aus Spätgotik und überseeischen Einflüssen, gehören das Mosteiro dos Jerónimos, das Hieronymuskloster (1500–1517, hier die Südseite der Kirche) von Belém und die kleine Festungsanlage Torre de Belém (1515–1519) an der Mündung des Tejo.

Nicht nur die Römer haben Aquädukte errichtet. Diese vierstöckige, sieben Kilometer lange Wasserleitung stammt aus dem 16. und 17. Jahrhundert und versorgt die Stadt Elvas im oberen Alentejo noch heute mit Wasser.

Eine kleine Wallfahrtskapelle mit flacher Kuppel duckt sich am Cabo Espichel (westlich von Setúbal) in den Hang; die moderne Steinsetzung trotzt den Stürmen.

Lissabon: „Fast immer auf Bergen stehend oder gleichsam über Berge herunterstürzend, scheinen alle Städte des Landes in einem Zustand der Auflösung, dem sich nur noch einzelne große Blöcke widersetzen …" (Reinhold Schneider, 1931).

Tavira an der Sandalgarve, einst Hauptstadt der maurischen Algarve, dann Residenz der portugiesischen Könige. Die Brücke über den Rio Gilão geht bis auf römische Zeiten zurück.

Ungleiche Brüder bei Sintra: Auf dem einen Fels das Castelo dos Mauros, Mauern und Türme der alten Maurenburg aus dem 8. Jahrhundert, und das Castelo da Pena auf dem anderen Fels – ein portugiesisches Neuschwanstein, und sogar drei Jahrzehnte älter als sein bayerisches Pendant.

Sesimbra: Ein kleines Fort aus dem 17. Jahrhundert schützte den Ort vor Korsaren und Strandräubern …

Schroffe Felsen und eine zähe Vegetation: Hier am Cabo da Roca (bei Sintra) steht man auf dem westlichsten Punkt des europäischen Festlandes.

Iberer und Kelten, Phönizier und Karthager, Römer und Germanen – Ernsthafter Versuch, Ordnung in eine dunkle Vergangenheit zu bringen

Der Nord-Süd-Expreß von Paris nach Lissabon fährt in die Nacht hinein. Im Speisewagen – es ist die Zeit, da das Fliegen noch nicht zum touristischen Alltag gehörte – kommen zwei Herren über der Platte mit Ölsardinen, Gemüsesalat und Sellerie ins Gespräch. Bald erklärt der ältere dem jüngeren, der noch nie so weit gereist ist, was ihn in dem fremden Land erwartet:

So werden Sie in dem Lande, dem Sie entgegenfahren, einer durch ihre Kunterbuntheit recht unterhaltenden Rassenmischung begegnen. Gemischt war schon die Urbevölkerung, Iberer, wie Sie natürlich wissen, mit keltischem Einschlag. Aber im Lauf von zweitausend Jahren haben Phönizier, Karthager, Römer, Vandalen, Sueven und Westgoten, dazu besonders die Araber, die Mauren mitgearbeitet, den Typ zu schaffen, der Sie erwartet – einen netten Zuschuß von Negerblut nicht zu vergessen, von den vielen schwarzhäutigen Sklaven her, die eingeführt wurden zu der Zeit, als man die ganze afrikanische Küste besaß. Sie dürfen sich nicht wundern über eine gewisse Qualität des Haares, gewisse Lippen, einen gewissen melancholischen Tierblick, die wohl einmal auftreten. Das Gesamtresultat ist ein nicht eben reckenhafter, aber recht liebenswürdiger Schlag: dunkelhaarig, von etwas gelblicher Haut und eher zierlich von Statur, mit hübschen, intelligenten braunen Augen.

Die Geschichte im Waggon-Restaurant sowie die zwei Herren, die sich da bis spät in die Nacht so gelehrt unterhalten, entstammen beide der Phantasie Thomas Manns: der eine ist der junge Marquis de Venosta, hinter dem sich allerdings der Hochstapler Felix Krull versteckt, der andere ist der durchaus ehrenhafte Professor Kuckuck. Er doziert hier über portugiesische Geschichte, und da Thomas Mann ein hanseatisch-gewissenhafter Schriftsteller war, können auch wir den Tischgesprächen Professor Kuckucks unbesehen Glauben schenken.
In der Tat: Portugal und die Portugiesen sind das Resultat einer langen bewegten Geschichte, mögen die Historiker auch immer wieder versichern, Portugal sei das europäische Land, dessen Grenzen am längsten unverändert geblieben sind, seit 1263.
Zuvor aber teilt das Land die Geschicke der ganzen iberischen Halbinsel – und ein Professor Kuckuck würde seinen diesbezüglichen Erläuterungen wohl vorausschicken, daß chronologisch gesehen das Paläolithikum, die Altsteinzeit, mit dem Diluvium, der Eiszeit, zusammenfällt. Bedingt durch die Lage im äußersten Südwesten Europas, waren die klimatischen Verhältnisse während der Eiszeit offenbar günstiger als im übrigen Europa. So lebten in einer der Zwischeneiszeiten an der Algarve und im mittleren Portugal sogar Hyänen, Panther und Flußpferde. Aus der Eiszeit stammen auch die ersten Funde, die von der Anwesenheit des Menschen zeugen: Schädel oder Schädelfragmente des Neandertalers. Inzwischen sind Hunderte von sogenannten „Stationen" bekannt: Arbeits- oder Aufenthaltsorte dieser Wildbeuter, die sich vor allem in den weniger unwirtlichen Küstenregionen fanden. Aus der mittleren Steinzeit stammen die „concheiros". Das sind oft mehrere Meter hohe Abfallhaufen, die hier zum größten Teil aus Muschelschalen bestehen und so Auf-

schluß über die Nahrung dieser Leute geben. Auch Reste ihrer Behausungen hat man entdeckt, größere Hütten mit einem hölzernen Mittelpfosten.

Aus der Zeit zwischen 18 000 und 13 000 stammen die Malereien und Ritzzeichnungen in der Escoural-Höhle bei Montemor-o-Novo, halbwegs zwischen Lissabon und Evora. Wir sind einmal an diesem kulturhistorischen Zeugnis aus Portugals Vorzeit vorbeigefahren, weil es in unserem Reiseführer übergangen worden war. Dafür haben wir 15 oder 20 km weiter auf der Nationalstraße nach Évora ein Hinweisschild mit der Aufschrift „Cromlech" entdeckt. Cromlech? Nein, kein portugiesischer Ortsname, sondern ein Wort aus dem Keltischen: Cromlechs sind kreisförmige, prähistorische Steinsetzungen. Wir biegen also ab, fahren hügelauf und hügelab über ein Landsträßchen, fahren durch ein sonntäglich verschlafenes Dorf und zögern dann ein bißchen an einer Gabelung. Aber ein alter Mann sitzt da auf einem Stuhl und schaut den vorüberkommenden Touristenautos zu. Er winkt uns gelassen auf den richtigen Weg, aber man weiß nicht recht, will er uns wirklich den Weg zeigen oder gibt er uns mit portugiesischer Grandezza nur großzügig den Weg durch seine ländliche Heimat frei. Längst ist aus dem Sträßchen ein notdürftig für Fahrzeuge hergerichteter Weg geworden, aber auch er führt hügelauf, hügelab, wird langsam zur staubenden Wellblech- oder Waschbrettpiste. Ein Hirt steht bei seinen Schafen und hält zärtlich ein Transistorradio im Arm. Dann biegt der Weg in einen Eukalyptuswald, in dem wildromantisch drapierte Jäger umherziehen, und dann haben wir endlich den Cromlech vor uns: fast hundert gewaltige Steinblöcke, Monolithe, jeder wohl an die zwei Meter hoch, die nach irgendeinem geheimnisvollen Plan auf dem flachen Hang eines Hügels angeordnet sind; einigermaßen kreisförmig, aber doch nicht ganz, die meisten noch aufrecht stehend, manche umgekippt, so daß man sich draufsetzen kann und nachdenken über den Lauf der Zeiten. Kein Kiosk, kein Andenkenstand, sonntägliche Ruhe. Bedächtig und bemüht, nicht allzu viel Staub aufzuwirbeln, fahren wir zurück zur Nationalstraße. Der Hirt steht noch da mit seinem Transistor, der alte Mann sitzt noch auf seinem Hocker und schaut vor sich hin.

Als wir abends nach Lissabon zurückfahren, steht ein Jäger am Straßenrand und hält ein erlegtes Kaninchen an den Läufen. Will er seine Jagdbeute verkaufen oder präsentiert er sie nur stolz dem vorbeirollenden Publikum? Ein paar Kilometer weiter steht wieder ein Jäger am Straßenrand und hält sein coelho an den Ohren. Seltsames Portugal! Säße bei uns auf dem Rücksitz im Auto ein Professor Kuckuck und lägen dort nicht nur ein paar Zeitungen und eine Strickjacke, dann würde er uns jetzt vermutlich belehren, daß die Kaninchen auf der iberischen Halbinsel schon immer eine besondere Rolle spielten: „Wissen Sie eigentlich, woher der Name ‚Hispanian' stammt? Vom römischen ‚Hispania'? Und woher hatten es die Römer? Ob Sie's glauben oder nicht: von den Phöniziern, vom phönizischen ‚ischephannim', und das heißt zu deutsch ‚Küste der Kaninchen'!" Da nimmt es uns denn auch nicht weiter wunder, daß man, vor allem im heutigen Mittelportugal, eine ganze Reihe von vorgeschichtlichen Kaninchen-Skulpturen ausgegraben hat. Mehr als ein halbes Hundert dieser kleinen Kunstwerke sind heute bekannt: sie sind um drei Zentimeter groß, bestehen aus Knochen oder Gestein, aus Malachit oder Schiefer. Die Tierchen sind dargestellt mit einem gedrungenen, gebogenen Leib, mit Ohren und Schwanz. Kleine Durchbohrungen weisen darauf hin, daß die Tierfiguren wohl auf eine Schnur gefädelt und als Amulette getragen wurden. Natürlich liegt es nahe, an einen Fruchtbarkeitskult zu denken – und so schaut man plötzlich mit anderen Augen auf die stolzen Jäger am Straßenrand: sicher vollziehen sie unbewußt irgendein geheimnisvolles, urzeitliches Ritual.

Lusitanien – erste Nachrichten von einem Land am Meer, wo der Scheffel Gerste eine Drachme kostet

Wenn schon die portugiesische Gegenwart solche Rätsel aufgibt – wie ist es erst um die Vergangenheit bestellt! Nur ganz langsam lichtet sich das Dunkel über der Vorgeschichte. Wer waren die Iberer, die der ganzen Halbinsel den Namen gegeben haben und die als Urbevölkerung bezeichnet werden? Von Süden kamen sie, schreibt man, und waren keine Indogermanen. Von Norden kamen die Kelten (nach 1000 v. Chr.) und brachten die Kenntnis der Eisenbearbeitung mit. Der Geograph und Portugal-Spezialist Hermann Lautensach vermutet, daß die portugiesische Sprache ihnen ihren Reichtum an Nasal- und Zischlauten verdankt. Iberer und Kelten müssen sich wohl vermischt haben, denn in römischer Zeit begann man von den „Keltiberern" zu sprechen.

Bis dahin aber waren auch noch die Phönizier ins Land gekommen. Sie brachten die Schrift und die Geldwirtschaft mit, gründeten an der Mündung des Tejo die Handelsniederlassung Alis Ubbo, aus der das heutige Lissabon hervorgegangen ist. Natürlich fehlten auch die Griechen nicht. Ihnen schreibt man zu, daß sie die Kultur der Weinrebe und des Olivenbaums einführten.

So sähe in Umrissen der Beginn der portugiesischen Geschichte aus, denn es ist sicher nicht möglich, allein aus Bodenfunden ein genaues Bild der Vergangenheit zu gewinnen, und auch die ersten schriftlichen Quellen geben noch genügend Rätsel auf. So hat im zweiten Jahrhundert vor unserer Zeitrechnung der Grieche Polybios eine große Universalgeschichte geschrieben, die „Historien". Eingeteilt war das Werk in 40 Bücher, von denen nur fünf vollständig erhalten sind. Doch andere antike Autoren haben Polybios ausgiebig benutzt und zitiert, so daß wir eine Anzahl von Fragmenten besitzen, die über viele sonst unbekannte Tatsachen oder Details Auskunft geben. Da hat etwa vierhundert Jahre nach Polybios der aus Ägypten stammende Athenaios das „Gelehrtengastmahl" zusammengeschrieben, eine Art antiken Reader's Digest:

Polybios aus Megalopolis sagt im 34. Buch seines Geschichtswerks bei der Besprechung Lusitaniens, einer Landschaft Iberiens, in der Tiefe des dortigen Meeres wüchsen eicheltragende Eichen, von deren Früchten sich die Thunfische nährten und fett würden. Daher gehe man nicht fehl, wenn man die Thunfische Schweine des Meeres nenne.

Den Historiker interessiert an einem solchen Ammenmärchen natürlich der Begriff „Lusitanien", die erste Bezeichnung für das heutige Portugal. Das portugiesische Nationalepos, das Luis de Camões geschrieben hat, heißt denn auch „Die Lusiaden" – ein sagenhafter Lusus, Gefährte oder Sohn des griechischen Gottes Bacchus, soll der Ahnherr der portugiesischen Nation gewesen sein. Noch heute ist „Lusitanien" die gehobene oder poetische Umschreibung für Portugal.
Historisch waren die Lusitaner ein Volksstamm im Westen der iberischen Halbinsel, man nimmt an, daß sie iberischen Ursprungs waren. Des weiteren erfährt man bei den antiken Autoren, die Lusitaner hätten anstelle des üblichen Olivenöls Butter verwendet. Auch jener Athenaios berichtet von diesem Land, wo Milch und Honig fließen:

Im vierunddreißigsten Buch seines Geschichtswerks bei der Behandlung des natürlichen Wohlstands von Lusitanien sagt Polybios von Megalopolis, wegen des günstigen Klimas hätten dort sowohl Tiere wie Menschen sehr zahlreichen Nachwuchs, und das Reifen der Früchte des Landes leide zu keiner Jahreszeit durch die Witterung Schaden. Rosen, Levkojen, Spargel und ähnliche Pflanzen setzten mit der Blüte nur drei Monate aus, und die Fische des Meeres seien an Menge, Güte und Schönheit denen des Mittelmeers weit überlegen. Der sizilische Scheffel Gerste koste dort eine Drachme, Weizen neun alexandrinische Obolen, ein Maß Wein eine Drachme, ein mittelgroßes Böckchen und ein Hase einen Obolos. Der Preis für ein Lamm betrage drei oder vier Obolen. Ein fettes Schwein im Gewicht von hundert Minen bekomme man für fünf Drachmen, ein Schaf für zwei, ein Talent Feigen für drei Obolen, ein Kalb für fünf, einen Zugochsen für zehn Drachmen. Das Fleisch von Wild sei fast gar nichts wert, sondern man bekomme es beim Kauf als Zugabe oder Geschenk.

Der Obolos war die kleinste griechische Münze, sechs Stück davon ergaben eine Drachme, und 12 Pfennig soll ein Obolos wert gewesen sein. Strabo aber, ein griechischer Geograph (58 v. bis 25 n. Chr.), malt ein ganz anderes Bild der Lusitaner: die Bergstämme lebten einfach und schliefen auf der nackten Erde, zwei Drittel des Jahres ernährten sie sich von einem Brot, das sie aus gerösteten und zerstampften Eicheln backten. Ihr Bier tranken sie aus hölzernen Gefäßen, und bei ihren Versammlungen gab es Tänze zur Musik von Flöte und Horn.
Beide Male eine literarische Idylle – einmal der Wohlstand und einmal der Traum vom einfachen Leben. Hält man sich an die historisch gesicherten Tatsachen, entsteht ein anderes Bild Lusitaniens.

Die große Geschichte, die Geschichte des Mittelmeerraums, wurde in den letzten vorchristlichen Jahrhunderten von Rom aus bestimmt. Lusitanien war weit, aber mit historischer Zwangsläufigkeit gerieten auch die Völkerschaften am Atlantik in den Bannkreis Roms.
Über ein Jahrhundert lang dauerte der Kampf zwischen Rom und Karthago um die Herrschaft im westlichen Mittelmeer. Dort war Karthago, eine Gründung der Phönizier, die wichtigste Handelsmacht geworden und hatte ein weitreichendes kommerzielles, wenn auch nicht politisches Imperium geschaffen. Zur römischen Devise wurde ein Satz des Politikers Cato, mit dem er jede seiner Reden beschloß: „Ceterum censeo Carthaginem esse delendam". Zu deutsch: „Übrigens bin ich der Ansicht, daß Karthago zerstört werden sollte."
Dies war das Ziel Roms im ersten punischen Krieg (264–241 v. Chr.). Aber nur Sizilien wurde dabei zur römischen Provinz. Im zweiten punischen Krieg (218–202 v. Chr.) geriet Rom selbst an den Rand der Katastrophe: der karthagische Feldherr Hannibal war über die Alpen gezogen und hatte die römischen Truppen am Trasimenischen See und bei Cannae vernichtend geschlagen. Mit der Entscheidungsschlacht bei Zama aber wendete sich das Kriegsglück, und beim Friedensschluß mußte Karthago Spanien an Rom abtreten. Dieser Herrschaftswechsel stand vorerst allerdings nur auf dem Papier. Den Völkern Iberiens war ein römisches Joch genauso unsympathisch wie das karthagische. Erst im Laufe vieler Generationen setzte sich das römische Verwaltungssystem auf der Halbinsel durch. Immer wieder gab es Aufstände und Kriege, und am längsten widersetzten sich die Lusitaner der Herrschaft Roms. Zum unvergessenen Helden dieser Kämpfe wurde ein Mann namens Viriathus.

Vom Viehhirten zum Nationalhelden – ein Mann, der Rom das Fürchten lehrte

Ständig mußte Rom in Spanien ein Heer von 40 000 Soldaten unterhalten, um den Widerstand zu unterdrücken und die Streifzüge der von Westen vordringenden Lusitaner zu bekämpfen. Vom Atlantik drangen diese gelegentlich bis zum Mittelmeer vor. Um die Mitte des zweiten Jahrhunderts spitzte sich die Situation zu. Der römische Prätor Galba begann einen regelrechten Krieg, und aus Rom wurde zum ersten Mal seit fast einem halben Jahrhundert wieder ein Konsul als Feldherr nach Spanien geschickt, ein Licinius Lucullus. Beider Vorgehen war so brutal, daß selbst der eher abgeklärte Theodor Mommsen in seiner „Römischen Geschichte" äußerst harte Worte findet:

Kaum je ist mit gleicher Treulosigkeit, Grausamkeit und Habgier Krieg geführt worden wie von diesen beiden Feldherren, die dennoch durch ihre verbrecherisch erworbenen Schätze der eine der Verurteilung, der andere sogar der Anklage entging. Den Galba versuchte der alte Cato noch in seinem fünfundachtzigsten Jahr, wenige Monate vor seinem Tode, vor der Bürgerschaft zur Verantwortung zu ziehen; aber die jammernden Kinder des Generals und sein heimgebrachtes Gold erwiesen dem römischen Volk seine Unschuld.

Auf der iberischen Halbinsel aber schien ein Freiheitskampf der Völker zu beginnen. Angeführt wurde er von dem Lusitaner Viriathus, der nur mit knapper Not einem Massaker des Galba entkommen war. In seiner Jugend war er Hirt gewesen und wurde dann im Kampf gegen die Römer, so Mommsen, zum „Guerillachef". Bald hatte er den Oberbefehl über alle lusitanischen Stämme und wurde als König anerkannt. Jahr für Jahr fügte er den römischen Truppen empfindliche Niederlagen zu. Immer neue Söldner mußte Rom nach Spanien schicken, ungeübt im Kampf gegen diese Guerilla. Selbst Kriegselefanten wurden schließlich ins Land gebracht. Am Schluß der Auseinandersetzungen, am Ende dieses für Rom so lästigen und demoralisierenden Kriegs, stand ein Vertrag, um den Viriathus wohl gebeten hatte. Doch nach dem Abschluß dieses Vertrags stellten die Römer immer neue, entwürdigende Forderungen, so daß Viriathus erneut zu den Waffen greifen wollte. Da wurde er von dreien seiner Vertrauten, die die Römer gekauft hatten, in seinem Zelt erstochen.

Den schönsten Nachruf, die lebendigste Würdigung hat ihm 2000 Jahre später Theodor Mommsen geschrieben:

Viriathus verstand es, das volle Gewicht seiner fürstlichen Stellung mit dem schlichten Wesen des Hirten zu vereinigen. Kein Abzeichen unterschied ihn von den gemeinen Soldaten; von der reich geschmückten Hochzeitstafel seines Schwiegervaters, des Fürsten Astolpa im römischen Spanien, stand er auf, ohne das goldene Geschirr und die kostbaren Speisen berührt zu haben, hob seine Braut auf das Roß und ritt mit ihr zurück in seine Berge. Nie nahm er von der Beute mehr als denselben Teil, den er auch jedem seiner Kameraden zuschied. Nur an der hohen Gestalt und dem treffenden Witzwort erkannte der Soldat den Feldherrn… Es schien als sei in dieser gründlich prosaischen Zeit einer der homerischen Helden wiedergekehrt.

In Viseu, nordöstlich von Coimbra, soll sich das „Hauptquartier" des Viriathus befunden haben, ausgegraben aber wurden – Ironie des Schicksals – die Reste eines römischen Kastells. Eine bösere, fast zynische Ironie aber war es, daß Salazar die Kampftruppe, die er zur Unterstützung General Francos in den Spanischen Bürgerkrieg schickte, „Viriatos" nannte.

Inzwischen aber hat Viriathus in Viseu auch sein Denkmal bekommen: er steht da inmitten seiner Krieger mit einem kleinen Rundschild, wie man sie auf den Granitskulpturen lusitanischer Krieger in den Museen von Lissabon oder Guimarães sehen kann.

Doch die Kämpfe des Viriathus haben den Lauf der Geschichte kaum verändert. Auf die Dauer hatten die schlecht organisierten kleinen Stämme oder Völkerschaften im Westen der Halbinsel gegen die Kriegs- und Verwaltungsmaschinerie des Imperium Romanum keine Chance. Immer wieder flackerten neue Kämpfe auf. Für einige Jahre stellten die Lusitaner sogar einen römischen Politiker, Quintus Sertorius, an ihre militärische Spitze – aber auch er wurde ermordet. Selbst Caesar griff auf seinem scheinbar unaufhaltsamen Weg an die politische und militärische Spitze in die lusitanischen Kämpfe ein – noch im Jahre 45 v. Chr., ein Jahr, bevor er in Rom einer Verschwörung zum Opfer fiel.

Zwei Jahrhunderte lang haben diese Auseinandersetzungen zwischen Rom und den Lusitanern gedauert. An ihrem Ende stand die pax romana, der Friede, den das römische Reich seinen Bürgern versprochen hatte: im Jahre 27 n. Chr. wurde das Land von Kaiser Augustus zur „Provinz Lusitanien" erhoben.

Vier Jahrhunderte lang wird diese pax romana währen, dann gerät Lusitanien, wie die übrige iberische Halbinsel, in die Stürme der Völkerwanderung. Doch diese vier Jahrhunderte haben das Land entscheidend geprägt. Welchen Bereich des geistigen, des gesellschaftlichen oder des materiellen Lebens man auch herausgreift – immer stößt man auf den Einfluß der römischen Kultur. So entstand aus dem von Soldaten und Kolonisten gesprochenen Vulgärlatein die Urform des Portugiesischen, während in den anderen Sprachlandschaften der Halbinsel das Spanische oder Kastilische und das Katalanische entstanden. (Nur das Baskische ist keine romanische Sprache.)

Natürlich wurde diese Entwicklung dadurch gefördert, daß das Lateinische Amtssprache war, daß offizielle Texte auf Lateinisch geschrieben werden mußten. Auch das Münzsystem wurde römisch, die Tracht wurde römisch und mit der Zeit der ganze Lebensstil der Menschen. War die gesellschaftliche Organisation der Lusitaner zuvor eher auf die Familien- oder Sippenverbände gegründet, so traten jetzt in den Städten bürgerliche Beziehungen an deren Stelle. Dazu kamen große, in Privatbesitz befindliche Gutshöfe, die „villae". Schließlich machten sich auch hier die Römer – wie überall, wo sie auftauchten – an den Straßenbau.

Aber Portugal ist nicht Italien, Portugal ist auch nicht die Provence. Die sichtbaren Spuren dieser vier römischen Jahrhunderte sind fast verschwunden, von späteren Zeugnissen der Vergangenheit überdeckt. Aber Reste sind natürlich vorhanden, in den Museen oder draußen, unter freiem Himmel.

Mit dem Ruderboot in die Antike – ein Märchenerzähler auf der Suche nach den Spuren der Römer

Hans Christian Andersen, der dänische Märchenerzähler, der auch ein unermüdlicher Reisender und ein ewiger Wanderer gewesen ist, hat 1866 eine Reise nach Portugal unternommen. Bis Madrid fuhr er mit der Eisenbahn und dann, weil die Strecke noch nicht fertig war, mit der Kutsche bis zur spanisch-portugiesischen Grenze und wieder weiter auf Schienen bis Lissabon. Mit einem Ruderboot aber gelangte er zu den Ruinen der römischen Stadt Tróia auf einer Halbinsel gegenüber Setúbal:

Mehr als eine Stunde verging, bevor wir die Sanddünen erreichten, auf denen Büsche, Disteln und Blumen wachsen, würdig in unsern Treibhäusern zu prangen. An der Anlegestelle lagen große Haufen von Steinen, Überreste vom Ballast der Schiffe, die in der Bucht ihre Ladung Salz geholt hatten. Hier lagen nun große und kleine Steine aus allen Ländern der Welt, aus Dänemark und Schweden, aus Rußland wie aus China – man könnte ein ganzes Märchen darüber schreiben. Der Wind frischte auf, brachte jedoch im brennenden Sonnenschein zwischen den Dünen nicht Kühlung genug. Man hatte mit einer großen Ausgrabung begonnen, die aber in Ermangelung von Geld wieder eingestellt werden mußte, auch ist die Ausbeute nicht groß gewesen. Man sieht jedoch die Fundamente von Häusern, mehrere Ellen hohe Mauern, die Reste einer ganzen Straße; in dieser befindet sich noch eine leidlich erhaltene Badekammer, deren Fußboden aus Mosaik und die Wände aus Marmorplatten bestehen. Draußen im Wasser lagen Scherben und Stücke zerbrochener antiker Krüge und große Mauersteine, auch alte Münzen waren zu finden.
Eine Stunde blieben wir in dieser Einöde; nicht eine Hütte war zu erblicken, die Sandhügel erstreckten sich bis zum offenen Ozean.

Das hat sich geändert. Längst hat die touristische „Erschließung" den nördlichen und den westlichen Teil der Halbinsel von Tróia erfaßt. Caetobriga hieß das antike Tróia, eine römische Siedlung, von der aus Pökelfleisch und Salz exportiert wurden. Später waren hier auch Westgoten zu Hause, wenigstens schließt man das aus Freskomalereien, die man gefunden hat. Die große Zeit Tróias aber war in der westgotischen Epoche schon zu Ende: im Jahre 412 verheerte eine Springflut die Stadt, und die überlebenden Einwohner gründeten auf dem gegenüberliegenden Ufer der Mündung des Rio Sado eine neue Siedlung: Setúbal. Sie ist inzwischen die viertgrößte Stadt Portugals, und noch immer lebt sie zu einem guten Teil von der Fischindustrie.
In den Ruinen von Conimbriga und in Évora braucht man weniger Phantasie, um sich in römische Vergangenheit zurückzuversetzen. Conimbriga, ein paar Kilometer südlich der alten Universitätsstadt Coimbra, hat man das „portugiesische Pompeji" genannt. Da spielt sicher antiquarischer Überschwang mit – aber eindrucksvoll und bewegend sind die Ruinen.
In einem Reiseführer, dem „Guide du Routard", hatten wir gelesen, man solle Conimbriga nach Möglichkeit am späten Nachmittag besuchen, wenn das grelle Sonnenlicht Konturen und Farben nicht mehr erschlägt und man sich fast in die italienische Campagna versetzt fühle. Wir haben den Hinweis vielleicht zu ernst genommen und sind erst kurz vor Toresschluß nach Conimbriga geraten. Der Parkplatz war schon fast verwaist, nur der umherstreunende Hund begrüßte uns noch mit einem ziemlich hoffnungslosen Lächeln. Die Dame an der Kasse war schon bei der Abrechnung, hatte aber keine Lust, noch einmal von vorn zu beginnen, sie schickte uns zurück zum Parkplatz. Nein! Natürlich nicht, wir sind in Portugal, sie winkte uns am Kassenhäuschen vorbei, ihre Kollegin, fünfzig Meter weiter, die die Billette abreißen sollte, war auch im Aufbruch, und da laufen wir schon über die alte Römerstraße, die vor zweitausend Jahren von Lissabon nach Braga im äußersten Norden geführt hat: 20 oder 25 Minuten Antike sind besser als gar keine Antike oder als ein bedauernder Blick über den Zaun.
Aber Conimbriga verdient natürlich einen längeren Besuch. Vor allem die Mosaiken, die man an Ort und Stelle oder auch im Museum beim Parkplatz sehen kann, verführen zur Versenkung, zur ruhigen Betrachtung: hier das Labyrinth mit dem Stierkopf des Minotaurus im Zentrum – dort Perseus mit dem Haupt der Medusa, hier ein Kentaur im Meer und dort eine Jagdszene. Offensichtlich war Conimbriga eine wohlhabende Stadt, und die Herrschaften lebten hier wohl fast wie in Rom.
Als man in unserem Jahrhundert begann, die Ruinen der Stadt auszugraben, machte man eine ziemlich verwirrende Entdeckung: Conimbriga war eine keltische oder keltiberische Gründung und hatte in römischer Zeit seine Blüte erlebt. Um die Mitte des dritten Jahrhunderts begann die Bedrohung durch die von Norden vordringenden Völkerstämme der Germanen. Da machte man sich an den Bau einer Stadtbefestigung. Seltsamerweise aber legte man sie nicht um die Stadt, sondern zog die Mauer quer durch die Stadt hindurch. Wenn man den heutigen Ausgräbern glauben darf, war die Mauer in aller Eile errichtet worden, mit allem, was man gerade zur Hand hatte: Grabsteinen, zerschlagenen Skulpturen, behauenen Steinen von anderen Bauwerken. Weshalb aber ließ man einen Teil der Stadt ungeschützt? Gerade das prächtigste Haus, das „Haus der Wasserspiele", blieb außerhalb der Befestigungen. Vielleicht hat man seine Steine sogar zum Bau der Mauer verwendet. Rätsel über Rätsel!
Die Sueben freilich zerbrachen sich über solche spitzfindigen Fragen nicht die Köpfe. Sie zerstörten Conimbriga, ob vor oder hinter der Mauer, und schreckten auch vor Entführung und Geiselnahme nicht zurück: Aus dem Jahre 464 wird berichtet, daß sie das Haus des reichen Cantaber plünderten und dabei Frau und Kinder entführten. Ein paar Jahre später lag die ganze Stadt in Schutt und Asche. Und so wie die Bewohner des von der Springflut zerstörten Tróia fortgezogen waren und Setúbal gegründet hatten, so verließen die Überlebenden aus Conimbriga die Ruinen und siedelten sich im nahen Coimbra an. Conimbriga aber diente fortan als Steinbruch.
Mit all diesen historischen Details haben wir uns erst später vertraut gemacht. Wir haben die Zeit genutzt, um die Stimmung des Ortes auf uns wirken zu lassen, die beschauliche Stille im Haus der Wasserspiele und den Abendhimmel über dem Haus des reichen Cantaber – über den spärlichen Ruinen des Hauses. Aber auch ein architektonisches Detail hat uns fasziniert: die Säulen, besser gesagt die Säulenstümpfe, runde Säulenstümpfe, aber nicht aus Steinen, sondern aus Ziegeln. Und jeder

dieser Ziegel hat die Form eines Tortenstücks oder eines Camemberts, damit die Säule auch rund wird. Und dann gehen wir das Stückchen Römerstraße zurück. Die Dame an der Kasse ist längst nach Hause gefahren, doch das Gitter hat sie offen gelassen, und der traurige Hund schaut uns zu, als wir dann auch ins Auto steigen. Jetzt ist er ganz allein, aber wenigstens wird er die Nacht auf historischem Boden verbringen.

Évora, die Stadt des Lichts – die Götter sind gegangen, der Tempel ist geblieben

Den historischen Boden der römischen Antike finden wir auch in Évora. Aber hier sind es nicht die 130 000 Quadratmeter Conimbrigas, hier sind es gerade einmal 25 auf 15 Meter, 357 Quadratmeter also – aber was tut das: ein leibhaftiger heidnischer Tempel hat in Évora die arianischen, mohammedanischen und die römisch-katholischen Stürme der Zeit überstanden, als einziger auf der ganzen iberischen Halbinsel.
Natürlich ist dieser Tempel eine Ruine, aber für unser ästhetisches Empfinden, für unser Gefallen an der Kunst spielt die Ruine seit Jahrhunderten eine gewichtige Rolle. Ruinen erinnern an die Vergänglichkeit, fordern uns auf, das Fehlende in der Phantasie zu ergänzen, und sie haben schließlich ihre eigene Ästhetik: Ruinenromantik.
All das kann man bedenken, wenn man durch die weite Landschaft des Alentejo nach Évora gekommen ist und sich im Straßen- und Gassengewirr den Weg zum „Templo Romano" sucht. Er ist leicht zu finden, alle Wege führen in Évora dorthin, zu einem Plateau, in dessen Mitte der Sockel des Tempels aufgemauert ist. 14 der ursprünglich 18 schlanken korinthischen Säulen stehen noch und lassen ahnen, wie der Tempel einmal ausgesehen hat. Für Basen und Kapitelle haben die römischen Handwerker den sogenannten Estremoz-Marmor verwendet, die kannelierten Säulenschäfte sind aus Granit. Die ausladenden korinthischen Kapitelle tragen noch Teile des schmucklosen Architravs, so daß man nicht nur den Eindruck in den Himmel ragender Säulen hat, sondern fast das Erlebnis eines Raums.
Solch nüchtern-technische Beschreibung vermittelt wenig von der Stimmung, in der man die ungefügen Stufen zum Tempel hinaufklettert und sich vom Atem der Antike rühren läßt. Dichter müßte man sein, wie Reinhold Schneider, der 1928 zum ersten Mal durch Portugal gereist ist und dem Diana-Tempel von Évora einen klassischen Hymnus gewidmet hat:

Der Tempel ist stolz; er ist einsam; er hat nicht seinesgleichen mehr. Auf der Halbinsel bürgt er als letzter für Rom. Seine Stimme ist ohne Widerhall; die Werte, auf die er sich beruft, sind verschollen oder sie wurden verdeckt. Er hat nur sich, das Gesetz, das allein in ihm besteht und keiner Bestätigung begegnet. Sein Maß wurde nirgends wiederholt. Seine Form ist so fremd, daß sie keinen Vergleich zuläßt, kein Urteil erlaubt, keine Verteidigung begründet. Als Erscheinung einer unbekannten Wesenheit steht er mitten auf dem Marktplatz des alltäglichen Lebens, zwischen den Häusern des Friedens, der Liebe, des Essens, des Schlafs. Er ist gebrochen, aber es ist etwas an ihm, das niemals ganz zerbrochen werden kann. In Trümmern ist seine Macht. Seine Vereinzelung ließ ihm keine andere; aber dieser Macht begibt er sich nie.

In der Tat, der Diana-Tempel von Évora – der im übrigen nie der Göttin Diana geweiht war – verführt zu tiefsinnigen Gedanken. Aber auch sein ganz banales äußeres Schicksal ist interessant genug. Als die Römer gegangen waren und ihre Götter mitgenommen hatten, vermauerte man den freien Raum zwischen den Säulen und verwandelte das Gotteshaus in eine Burg, in eine kleine, an der höchsten Stelle des Orts strategisch günstig gelegene Festung. Später, in weniger kriegerischen Zeiten, diente das Gebäude als Schlachthaus, und schließlich versuchte man 1870, so gut es noch ging, den alten, römischen Zustand wieder herzustellen. Seitdem ist der Tempel zum Wahrzeichen Évoras geworden.
Évora selbst, so könnte man ergänzen, ist zu einem historischen Symbol für das ganze Portugal geworden: Die Römerstädte Tróia und Conimbriga sind zerstört, zu Ruinenfeldern und archäologischen Schaustücken geworden. Évora aber ist lebendig geblieben, jede Epoche hat hier zerstört und gebaut, so daß ein Gang durch die Stadt fast auch ein Gang durch die portugiesische Geschichte ist. Aus römischer Zeit stammt neben dem Diana-Tempel vor allem die noch gut erhaltene Stadtmauer. Aber auch Westgoten und Mauren haben an dieser Befestigungsanlage gebaut. Sonst ist aus westgotischer und maurischer Zeit nicht viel erhalten. Doch geblieben ist nach der Reconquista der maurische Stil; bewußt oder unbewußt verwendete man noch jahrhundertelang maurische Bau- und Schmuckelemente. Man sehe sich nur auf dem Largo das Portas de Mouro um oder schlendere umher im Gassenlabyrinth der Altstadt, das noch ganz den städtebaulichen Charakter einer Medina aufweist. Frühgotisch ist dagegen die Kathedrale, spätgotisch-maurisch die Ermida de São Bras; ein Renaissance-Bau ist die Universität, barock präsentiert sich der Bischofspalast. Und natürlich haben auch die späteren Jahrhunderte ihre architektonischen Zeugen hinterlassen: Die UNESCO hat Évora 1987 zum „Weltkulturerbe" erklärt.

Der große Treck nach dem Süden oder das historische Abenteuer der Völkerwanderung

Zurück zu den Anfängen der portugiesischen Geschichte, zurück in die Vergangenheit, als noch keine internationale Behörde über Kunst und Kultur wachte; es sei denn, man wollte der Verwaltung des Imperiums in Rom eine solche Rolle zugestehen. Doch die große Zeit des römischen Imperiums war längst zu Ende: im Jahre 410 eroberten die Westgoten Rom und plünderten es drei Tage lang. Genau ein Jahr zuvor waren die Vandalen und die Sueben auf die iberische Halbinsel gezogen, zwei germanische Völkerstämme, und mit ihnen die Alanen, ein vermutlich sarmatisches Volk. Plündernd, verwüstend ziehen sie im Land umher, und Rom ist bald (411) gezwungen, mit ihnen einen Vertrag zu schließen, nach dem sie sich fest niederlassen können. Doch dann hat man in Rom eine noch bessere Idee: man beschließt, den Teufel mit dem Beelzebub auszutreiben und läßt die Westgoten auf die Halbinsel ziehen. Natürlich gibt es schnell Kämpfe; an ihrem Ende verschwinden die Alanen, die sich in Lusitanien angesiedelt hatten, aus der Geschichte. Die Vandalen werden weiterziehen nach Afrika – nur die Landschaft „Andalusien" (von „Vandalusien") erinnert noch an sie. Es bleiben die Sueben im Nordwesten der Halbinsel, und es bleiben die Westgoten. Diese beiden Völker haben sich für eine kurze Epoche das Gebiet des heutigen Portugal geteilt. Der Süden gehört in das westgotische Reich, der Norden ist suebisch.

Fast bis zum Ende des 6. Jahrhunderts hat es dort ein suebisches Reich gegeben, das Galizien und das heutige Nordportugal umfaßte. Zur Hauptstadt des Reiches wurde Braga, das schon in römischer Zeit ein wichtiger Kreuzungspunkt mehrerer Straßen gewesen war. Viel ist über die Geschichte dieses suebischen Reiches nicht bekannt. In den wenigen Quellen ist nur von kriegerischen Auseinandersetzungen und den theologischen Streitigkeiten über Glaubensfragen die Rede. Offensichtlich waren die Sueben aber ein Volk, das Ackerbau betrieb. Aus Mitteleuropa haben sie ihren typischen „arado garganta", den sogenannten „vierseitigen Pflug" mitgebracht. Und auch die Nutzung des Landes in einer Vielzahl kleiner Grundstücke, wie man sie noch heute im Minho, der nördlichsten und fruchtbarsten Provinz des Landes findet, geht auf diese suebischen Bauern der Völkerwanderungszeit zurück. Ihr kurzlebiges Reich aber wurde von den Westgoten zerschlagen.

Und die Westgoten? Einer der wenigen Schriftsteller jener Epoche, der Bischof Isidor von Sevilla (560–636), hat eine kurze „Geschichte der Goten" geschrieben:

Die Goten sind von behendem und starkem Körper, lebhaften Geistes und voll Selbstvertrauen, schlank und groß von Wuchs, würdevoll in Haltung und Gebärden, rasch zur Tat und gegen Wunden unempfindlich, wie der Dichter sagt: „Die Goten rühmen sich ihrer Wunden und verachten den Tod."
Alle Völker Europas zitterten vor ihnen; sie sprengten die Riegel der Alpen. Ihrem Schwerte erlagen die Alanen, und die Sueven, die bis dahin in den unzugänglichen Bergen Spaniens unbehelligt geblieben waren, lernten durch sie die Gefahr des Untergangs kennen und verloren schimpflich die Selbständigkeit ihres Königtums, das sie in träger Muße bis dahin behauptet hatten – es ist freilich zu bewundern, daß sie so lange eine Königsherrschaft gehabt haben, da sie dieselbe bei der Ungestörtheit ihrer Ruhe gar nicht brauchten. Aber wer kann die Größe der Kräfte des Gotenvolks genugsam schildern?

Wes Brot ich eß – des Lied ich sing: wer will herausfinden, was an solch einem Loblied Wahrheit ist? Isidor war Bischof unter westgotischer Obrigkeit. Wen nimmt es da Wunder, daß für die Sueven nur ein paar ironische Sätze abfallen? Aber nicht genug mit dem Streit unter den Völkern! Da war auch der Streit um die Religion, um den rechten Glauben. Wie überall im römischen Imperium waren auf der iberischen Halbinsel schnell christliche Gemeinden entstanden. Wie andernorts gab es auch hier Christenverfolgungen, aber seit dem Ende des 4. Jahrhunderts war das Christentum im ganzen Reich von Kleinasien bis nach Lusitanien die offizielle Staatsreligion. Von einer Einheit des Glaubens allerdings konnte man nicht sprechen. Der erbittertste theologische Streit ging um die Frage, ob Jesus mit seinem Vater wesensgleich sei oder nur wesensähnlich. Nach dem Presbyter Arius, der nur eine Wesensähnlichkeit zugestehen wollte, spricht man vom „Arianischen Streit". Beendet wurde er auf dem Konzil von Nicäa mit dem Sieg der Gegenseite. Nur hatten sich inzwischen einige christlich gewordene Völker, die Langobarden, die Goten und die Vandalen, ausgerechnet für die arianische Irrlehre entschieden, die nun mit den Westgoten auf die iberische Halbinsel kam. Es kämpften also nicht nur germanische Eindringlinge gegen eine einheimische romanische Bevölkerung, es kämpften auch zwei christliche Bekenntnisse oder Lehrmeinungen gegeneinander. Und das kann genauso blutig werden.

Wieder ist es der Bischof Isidor von Sevilla, dem wir unser höchst fragmentarisches Wissen über diese Vorgänge verdanken. Er erzählt in seiner „Gotengeschichte" von den Heldentaten des Königs Leovigild, der von 568 bis 586 regierte, muß dann aber fortfahren:

Nur der Irrtum der Ketzerei verdunkelte den Ruhm solcher Tapferkeit. Erfüllt von der Wut arianischen Unglaubens, verfolgte er die Katholiken und verbannte die Mehrzahl der Bischöfe. Er nahm den Kirchen ihre Einkünfte und Privilegien, trieb durch Schreckmittel viele zum Übertritt in die arianische Pestilenz, noch mehr gewann er dafür ohne Verfolgung durch Gold und Geschenke. Er wagte sogar außer anderen ketzerischen Schändlichkeiten die Katholiken umzutaufen, so den Vincentius von Cäsaraugusta (Saragossa), der aus einem Bischof ein Apostat wurde und so zu sagen aus dem Himmel in die Hölle geschleudert ward.

Wie ernst es den Leuten mit solchen theologischen Problemen war, zeigte König Leovigild, als er seinen eigenen Sohn hinrichten ließ, weil dieser katholisch geworden war und nicht zum arianischen Glauben zurückkehren wollte. Leovigilds Nachfolger aber machte mit der „Ketzerei" ein Ende, wurde katholisch, und das Volk der Westgoten tat desgleichen. Aus denselben Jahren wird allerdings auch von den ersten Judenverfolgungen berichtet: immer wieder wird die religiöse Unduldsamkeit auf der Halbinsel ihre bösen und blutigen Spuren hinterlassen.

Aber auch politisch ist das westgotische Reich nicht zur Ruhe gekommen. Königtum, Adel und Klerus bekämpfen sich, und so wird das Land zu Beginn des achten Jahr-

hunderts eine leichte Beute des jungen Islam auf seinem scheinbar unaufhaltsamen Siegeszug durch die Welt.
Es ist eine bittere Ironie der Geschichte, daß sich die Christen den Islam selbst ins Land geholt haben. Nach dem Tod des Gotenkönigs Witiza kämpften dessen Sohn Achila und der vom Adel zum Nachfolger gewählte Roderich, Herzog von Cordoba, um die Herrschaft. Roderich suchte Unterstützung bei den in Nordafrika ansässigen Arabern – und diese kamen. Im Jahre 710 gab es einen ersten Raubzug von Afrika nach Europa, und im Jahre 711 setzte der arabische Feldherr Tarik mit einem Heer von 12000 Berbern über die Meerenge von Gibraltar: Geb-al-Tarik, der Felsen des Tarik. Es kam zu einer mehrere Tage dauernden Schlacht zwischen Christen und Mohammedanern, die mit einer vernichtenden Niederlage der christlichen Fahnen endete – nicht nur weil die Anhänger Achilas zu den Muslimen übergelaufen waren. Für die Araber und den Islam war der Weg nach Europa frei.
Das Reich der Westgoten aber wurde Geschichte, und als eine Art Epitaph sollen hier die Namen seiner letzten Könige stehen, eine seltsame, fast surrealistische Litanei: Witterich – Gundemar – Sisebut – Reccared – Suinthila – Sisenand – Chinthila – Tulga – Chindasvinth – Reccesvinth – Wamba – Ervig – Egica – Witiza – Roderich.
Roderichs Witwe wird den arabischen Feldherrn Abdelazis heiraten – fast ein symbolischer Akt für den Beginn einer neuen Epoche, für die Jahrhunderte islamischer Herrschaft. Offenbar standen sich auf der iberischen Halbinsel nicht zwei von allem Anfang an feindliche Welten gegenüber. Der Islam war tolerant, und es kam wohl bald zu einem für alle Teile erträglichen Zusammenleben. Selbst die portugiesischen Märchen bewahren uns Erinnerungen an diese moslemisch-christliche Kultur:

Ein Maurenkönig hatte zwei Töchter. Die jüngste wollte die christliche Religion lernen und traf sich im verborgenen mit dem Kammerdiener, der sie unterrichtete. Als die ältere sie eines Tages aus dem Zimmer des Kammerdieners kommen sah, sagte sie zu ihr: „Wart nur, Schwester, der Vater wird noch alles erfahren.“
„O weh, Mädchen“, sagte der Kammerdiener, „wenn der König erfährt, daß Ihr von mir das Beten lernt, sind wir verloren.“ „Hab keine Angst; steh morgen ganz früh auf, sattle zwei Pferde, und dann reiten wir in deine Heimat.“
So tat er. Sie füllte drei Säcke, einen mit Asche, einen mit Salz und einen mit Kohlen, und sie ritten beide in die Welt hinaus. Als der König von der Flucht erfuhr, sandte er seine Truppen aus, um den Kammerdiener und die Tochter ergreifen zu lassen. Sie sollten die beiden töten, wo immer sie sie träfen. Die Reiterei ritt mit gesenktem Zügel davon und hatte sie schon beinahe erreicht, als der Kammerdiener hinter sich blickte und rief: „O weh, Mädchen! Wir sind verloren.“

Sie sind es natürlich nicht! Aber dann verläßt der Kammerdiener die Prinzessin, und die Verlassene legt Witwenkleidung an und macht einen Gasthof auf, um leben zu können, und der Kammerdiener will sich mit einer anderen Frau verheiraten, aber am Ende schlägt sein Gewissen, und das Märchen findet sein glückliches Ende.

Ein Hauch von Verschlossenheit liegt noch immer über dem Land, nicht alle Türen stehen offen – aber es gibt Türklopfer (Estói bei Faro).

Von den Häuserblöcken oder von dem Mast, auf dem eine Möwe Posten bezogen hat, wird er wohl verdeckt: Portugals höchster Kirchturm, die Torre dos Clérigos in Porto. Rechts die Jesuitenkirche Los Grilos, links der Betonbogen des Ponte de Arrábida von 1963.

QUINTA DA FOZ

Erst 1966 ging ein alter Traum Lissabons in Erfüllung: eine Brücke über den Tejo. Zur Erinnerung an die Revolution der Nelken 1974 heißt sie heute „Ponte 25 de Abril". Davor die Weststadt.

Ponte 25 de Abril: Höhe der Pylone 190 Meter, Fahrbahnhöhe 70 Meter, das freihängende Mittelstück zwischen den Pylonen 1013 Meter.

Auf einem Schiffsbug schreitet Heinrich der Seefahrer, gefolgt von seinen Getreuen, in die Weite: der „Padrão dos Descobrimentos“ in Belém von 1960.

Immer wieder die Welt der Meere: Zwischen Laub und Geäst hat sich ein scheußliches Meeresungeheuer breitgemacht (Sintra, Eingang zur Fonte da Sabuga).

Lissabon: Als Eingang vom Meer in die Stadt erhebt sich am Beginn der Rua Augusta ein Triumphbogen aus dem 19. Jahrhundert mit allegorischen und historischen Gestalten. Davor das bronzene Reiterstandbild Josés I.

Von der Torre de Belém geht der Blick über die zinnenbewehrte und mit Türmchen eher verzierte als befestigte Bastion auf den Tejo. Hier nahmen die Karavellen Abschied von Europa.

Frommes Schaustück: Mit geometrischer Strenge und dekorativem Überschwang führen die 686 Stufen der barocken Escadaria hinauf zur Wallfahrtskirche Nossa Senhora dos Remédios (1750) bei Lamego.

Wie Rom ist Lissabon auf sieben Hügeln erbaut, wie Rom hat die Stadt auch ihre Brunnen. Hier eine barocke, dreischalige Fontäne im Park São Pedro de Alcântara.

Gelassen sitzen die bronzenen Brunnenfiguren hinter dem Wasservorhang – in Lissabon gehört das Wasser immer dazu (Rossio).

Mosteiro dos Jerónimos in Belém: Fast wie Hybris mutet es an, daß ein einfacher Kreuzgang nicht mehr genügte, daß man in wuchernder Manuelinik einen zweiten darauf setzte.

Lavatório d'El-Rey: Versetzt in ein Märchen aus 1001 Nacht fühlt man sich im Claustro Real, im Königlichen Kreuzgang zu Batalha, einem Werk des Architekten von Belém, Diogo Boytacs.

Wie mag es erst drinnen aussehen! Im 18. Jahrhundert entstand in Estói (nördlich von Faro) der barocke Palast der Grafen von Estói.
Auch spätere Generationen haben sich an dem Bauwerk verkünstelt, so daß man im Park unter Palmen und Orangenbäumen und zwischen diversen Stilepochen wandeln kann.

Auch das ist Portugal – heiteres, beschwingtes Rokoko, und nur ein paar Kilometer von Lissabon entfernt: Queluz, ein Sommerschlößchen der Braganza. Rokokohaft leicht auch all die allegorischen Figuren im Park, obwohl sie zum Teil aus Blei bestehen.

Die Dorfkirche von Pèra (bei Albufeira): Ländlich einfach, aber ein schwarzes Farbband hebt die Linien des niedrigen Turmes und den barocken Schwung des Giebels hervor. Auch die Kamine des Nachbarhauses tragen Schmuck, und selbst der eiserne Strommast hat eine kunstvolle Haube.

Sintra: Mit dem Castelo da Pena erfüllte sich Ferdinand von Sachsen-Coburg-Gotha, der Prinzgemahl der Königin Maria II., einen architektonischen Wunsch- und Märchentraum.

Nur ein paar Kilometer entfernt von der Hektik der Badestrände: Tavira, das seine frühere Bedeutung verlor, als der Hafen versandete.

Évora, wo sich Antike und Mittelalter begegnen: die Säulen des Diana-Tempels und der wuchtige Vierungsturm der Kathedrale mit seiner kegelförmigen Bedachung und den acht wiederum kegelförmig bedachten kleinen Türmchen, die ihrerseits wieder acht noch kleinere Türmchen tragen …

Kleines Konzil der Kirchtürme – 30 Kirchen soll es in Tavira geben, aber niemand hat sie je gezählt.

Seit Jahrhunderten sind die Mauren vertrieben, aber die Architektur und die Ornamentik des königlichen Schlosses in Sintra sind noch ganz vom Geist der arabischen Kultur bestimmt.

Von Lissabon zur Malabarküste – Lehrstück über die Entstehung eines Weltreiches

Niemals hatte man solch eine Flotte im Hafen von Lissabon gesehen: zweihundert Schiffe, alle voll beladen mit Waffen und Kriegsgerät, dazu eine Armee von 20 000 Soldaten an Bord. Am 25. Juli, dem Tag des Heiligen Jakob, geht die Flotte in See. Man schreibt das Jahr 1415. Die Schiffe segeln nach Süden. Wohin? Das ist ein Geheimnis, ein sorgfältig gehütetes Staatsgeheimnis, aber selbst der einfältigste Söldner ahnt natürlich, daß König Johann etwas gegen die Ungläubigen im Schilde führt, gegen die Mauren.
Monatelang hatten die Vorbereitungen für die Expedition oder den „Kreuzzug" gedauert. Der Chronist Gomes Eanes de Zurara berichtet ganz ausführlich darüber:

Vornehmlich spielte sich dies Getriebe in Lissabon und Porto ab, wo es kaum einen Menschen gab, der nicht mit schaffte, und wenn Windstille herrschte, war der Lärm überall im Tal des Tejo zu hören. Wahrlich, das Herz schlug einem schneller bei dem schönen Bild: da drängte sich längs des Flußufers Schiff an Schiff, auf denen zu jeder Stunde des Tages und der Nacht kalfatert und gezimmert wurde. Unweit dieser großen und kleinen Fahrzeuge lagen viele geschlachtete Ochsen und Kühe, und tausend flinke Hände mühten sich, sie abzuhäuten, zu zerlegen und einzupökeln oder das bereits fertige Fleisch in Fässer zu verpacken und an Bord zu verladen. Die Fischer salzten, von ihren Frauen unterstützt, vielerlei Arten von Fischen ein, und auf jedem freien Flecken Erde glitzerten silberne Schuppen …
Alte Leute wetteiferten mit den jungen, und sie alle grübelten über Ziel und Zweck der Expedition.
Ich weiß nicht, ob ich wie ein Heide spreche, aber sicherlich denke ich, daß die Gebeine der Toten sich wünschten, wieder mit Fleisch umhüllt zu sein, damit sie ihre Söhne und Verwandten auf jenem Zuge begleiten könnten.

In der Bucht von Lagos, im äußersten Südwesten Portugals, wo die Flotte Anker geworfen hatte, gab der Hofkaplan König Johanns endlich das Ziel der Fahrt bekannt: Ceuta sollte erobert werden. Von Verteidigung des Glaubens sprach der Hofkaplan, und wer sich nicht mit ganzer Kraft dafür einsetze, der übertreffe an Schlechtigkeit noch die Ungläubigen!
Das heute spanische Ceuta liegt an der Meerenge von Gibraltar – auf der afrikanischen Seite. Zu Beginn des 15. Jahrhunderts war es eine blühende Handels- und Hafenstadt des marokkanischen Reiches. Doch dann kamen die Christen: nach fünfstündigem Kampf waren die Mauren aus der Stadt vertrieben, die Söldner konnten sich ihre Löhnung zusammenplündern, und die Moschee wurde in eine christliche Kirche umgewandelt. Eine Besatzung von zweieinhalbtausend Mann blieb in Ceuta, der Rest des Heeres segelte nach Portugal zurück.
Diese Expedition, eine Mischung aus Raubzug und Kreuzzug, unterscheidet sich nicht grundsätzlich von all den anderen Schlachten und Überfällen in der langen Auseinandersetzung zwischen Christentum und Islam. Allenfalls gibt es für deutschsprachige Leser und Literaturfreunde ein überraschendes Detail: an dieser militärischen Unternehmung hat der aus Tirol stammende Dichter und Minnesänger Oswald von Wolkenstein teilgenommen. Im Frühjahr 1415 war er in diplomatischer Mission, im Auf-

trag König Sigismunds, an den Hof von Aragon gekommen – Gesandter und Poet dazu:

Die Königin von Aragon war schön und zart,
ich kniete vor ihr nieder und reicht ihr meinen Bart.
Mit weißen Händen band sie ein Ringlein hinein
und sprach: non may plus disligaides!
Dann durchstachen ihre Hände
meine Ohrläppchen mit einer Messingnadel.
Nach ihrem Brauch schloß sie zwei Ringe dran,
die trug ich lang. Man nennt sie racaides.

Und mit diesen Ohrringen, die also keine Erfindung heutiger Männermode sind, zog Oswald von Wolkenstein wohl in die Belagerung von Ceuta, das arabische Septa:

Von Lissabon in Barbarei,
gen Septa, das ich half gewinnen,
da mancher stolzer mor so frei
von seinem erb must hinden aus entrinnen.

Der Minnesänger aus Tirol bei der Erstürmung einer maurischen Stadt – das ist eine interessante kulturhistorische Fußnote. Daß aber der portugiesische Infant Henrique, Heinrich, daran beteiligt war, macht diesen Überfall fast zu einem Ereignis von weltgeschichtlicher Bedeutung. Hätte nicht Oswald von Wolkenstein an der Bataille teilgenommen, sondern Johann Wolfgang von Goethe – auch vor Ceuta hätte er bemerken können: „Von hier und heute geht eine neue Epoche der Weltgeschichte aus, und ihr könnt sagen, ihr seid dabei gewesen."

Die Meerenge von Gibraltar – oder ein Nadelöhr der Weltgeschichte

In der Tat: mit Ceuta beginnt die Epoche der portugiesischen Größe, beginnt die Entstehung eines portugiesischen Weltreiches. Der Kopf, die treibende Kraft hinter den Entdeckungsreisen ist der Infant Henrique. Er war der dritte Sohn des portugiesischen Königspaares Johann und Philippa von Lancaster, konnte sich also nach menschlichem Ermessen nur wenig Hoffnung auf die Thronfolge machen. Auch eine militärische Karriere im eigenen Land oder im Dienst fremder Herrscher hat er ausgeschlagen. Er plante Größeres: die wissenschaftliche Entdeckung der Welt, wenn man so sagen kann. Heinrich den Seefahrer hat man ihn genannt, Dom Henrique o Navegador – aber er ist nie wirklich zur See gefahren, ist über Ceuta nicht weit hinausgekommen. Er war wohl einer, der im Kopf reiste und die Reise dann von anderen in der Wirklichkeit nachholen ließ. Er war ein mittelalterlicher und gleichzeitig ein moderner Gelehrter. Noch heute kann man nur bewundernd von seinen Studien sprechen:

Er kennt die meisten seiner Zeit zugänglichen Schriften. Er nährt seinen Geist an den Quellen dieses Wissens. Die Bibel, die Kirchenväter Chrisostomus und Hieronimus sind ihm vertraut wie Herodot, Hesiod, Aristoteles, Cäsar, Plinius, Ptolomäus und Isidor von Sevilla. Besonderes Interesse zeigt er für den arabischen Sternkundigen Alfagran. Marco Polo, Duns Scotus, Albertus Magnus und Pierre d'Ailly: sie alle sind neben Chroniken und Ritterromanzen Frankreichs, Italiens und Spaniens in seinen Gesichtskreis getreten. Sein Hauptinteresse gehört der Erdkunde, der Mathematik und den nautischen Wissenschaften. (Klara Rumbucher)

In Ceuta, so wird berichtet, setzte sich der Infant sogleich mit Mauren in Verbindung, die ihm Auskunft über ihre geographischen Kenntnisse geben sollten, über die Karawanenwege, die von den Ländern am Mittelmeer durch die Sahara nach Timbuktu und zum Fluß Gambia führten, vielleicht zu dem schon fast sagenhaften Guinea. Südlich von Guinea, von Guanaja, war dann das Land zu Ende, und man konnte zu Schiff um Afrika herumsegeln, um in das Reich des Priesterkönigs Johannes zu gelangen. Mit ihm und seinen Reichtümern würde man sich verbinden, um die Mauren endgültig niederzuzwingen. Solche Zukunftsträume mochte der junge Infant, er war gerade einundzwanzig, hegen. Und, so dürfen wir weiter vermuten, er hat in Ceuta auch zurückgedacht, er kannte die Geschichte seines Landes, er kannte die Eroberung der ganzen iberischen Halbinsel durch den Islam. Hier an der Meerenge zwischen Ceuta und Gibraltar hatte sie begonnen, sieben Jahrhunderte zuvor, im Jahre 711. Mit einem gewaltigen Pendelschlag schien die Geschichte jetzt an ihren Ausgangsort zurückzukehren.
Auch die Araber hatten natürlich erkannt, daß die Meerenge von Gibraltar einen Kreuzungspunkt zweier Welten bildete, daß Ceuta und der Felsen von Gibraltar Marksteine der Geschichte waren. Ein arabischer Dichter hat den Felsen besungen, lange bevor im christlichen Abendland solche Naturlyrik geschrieben wurde:

Himmelan die Stirn erhebt er, während, aus Gewölk geballt,
Weit herab ein schwarzer Mantel über seine Schultern wallt.
Wie mit einer Krone schmücken die Gestirne Abends ihn,
Wenn sie, hell gleich goldnen Münzen, droben ihre Kreise ziehn.
Ihrer Locken Spitzen lassen sie um seine Schläfe sacht
Niederhangen, und so kosen, schmeicheln sie ihm oft bei Nacht.
Ihm zerbröckelten die Zähne, denn seitdem er aufwärts ragt,
Hat er rastlos an dem Blocke der Jahrhunderte genagt.
Er erlebte alle jähen Wechsel des Geschickes schon;
Wie ein Treiber die Kamele vorwärts treibt bei Liederton,
Trieb er vor sich her sie alle; sein Gedankenflug durchirrt
Das Vergangne, Gegenwärt'ge und was künftig kommen wird;
So Geheimnisse bewahrend, blickt er schweigend, rätselhaft,
In den düstern Abgrund nieder, der zu seinen Füßen klafft.
(Ibn Batuta)

Zu Anfang des achten Jahrhunderts war Ceuta ein Stützpunkt des westgotischen Reiches gewesen. So ließ sich die Meerenge kontrollieren. Doch dann war der Sturm des Islam gekommen. Im Laufe eines Jahrhunderts hatten die

Anhänger Mohammeds ganz Nordafrika in ihre Gewalt gebracht und die Lehre des Propheten verbreitet. Jetzt begann ihr Siegeszug über die iberische Halbinsel: schon im Jahr 715 waren Algarve und Alentejo in arabischer Hand. Lissabon wurde kampflos genommen, dann fiel Coimbra, und um die Mitte des neunten Jahrhunderts waren zwei Drittel der Halbinsel unter islamischer Herrschaft.
Zuerst wurde das neugewonnene Land von dem Kalifen im fernen Damaskus regiert, aber schon im achten Jahrhundert konnte sich Cordoba selbständig machen, und im zehnten Jahrhundert nahm Abdarrachman III. den Titel eines Kalifen an. Mit ihm beginnt die große Blütezeit der maurischen Kultur in al-Andalus, in Andalusien, deren Spuren wir noch heute überall – in Spanien mehr, in Portugal weniger – entdecken können.

Die Fahne des Propheten und die Blüte der islamischen Kultur

Der Islam hat indes niemals versucht, nach der Eroberung mit der iberischen Vergangenheit tabula rasa zu machen. Die Mauren kamen nicht, wie die Germanen der Völkerwanderungszeit, in großer Zahl, sie blieben vor allem eine arabische oder berberische Oberschicht. Die Einheimischen bildeten sicher die große Masse der Bevölkerung.
Auch waren die Eroberer nicht als Missionare gekommen. Sie hatten ihren Glauben mitgebracht, aber sie übten Christen und Juden gegenüber offensichtlich Toleranz. Das aber will nicht heißen, daß es keine Unterschiede zwischen den Moslems und den Dhimmis (Christen und Juden) gegeben hätte:

Es war ihnen verboten, sich nach arabischer Mode zu kleiden, und sie durften keine muslimischen Sklaven besitzen. Sklaven, die den muslimischen Glauben annahmen, mußten sie die Freiheit gewähren. Sie durften keine gesattelten Pferde reiten und keine Waffen tragen. Es war ihnen verboten, schlecht über den Propheten und die von ihm geoffenbarte Religion zu sprechen, und sie durften keine muslimischen Frauen heiraten, obwohl es für Muslime selbstverständlich war, Christinnen oder Jüdinnen zur Frau zu nehmen. Sie durften keine Kirchenglocken läuten, ihre Gotteshäuser mußten aber immer geöffnet bleiben, damit Muslime, wann immer es ihnen gefiel, drei Tage lang ihre Gastfreundschaft in Anspruch nehmen konnten.
Dhimmis wurden in besondere Stadtteile verwiesen, waren also zur Ghettobildung gezwungen. Sie durften nur Gebäude bewohnen, von denen aus man keinen Einblick in muslimische Häuser hatte.
Um der Objektivität willen sei jedoch darauf hingewiesen, daß die meisten der Bestimmungen nur selten dem Buchstaben getreu befolgt wurden.
(Claudio Lo Jacono)

Seltsam, daß sich die politische und gesellschaftliche Oberschicht, seltsam, daß sich die herrschende Religion mit ihrer Sprache, dem Arabischen, nicht durchgesetzt haben, das natürlich die offizielle, politische oder religiöse Sprache war. Eine Erklärung dafür sieht man darin, daß die vom politischen und öffentlichen religiösen Leben ausgeschlossenen Frauen die romanische Sprache über die islamischen Jahrhunderte hinweg gerettet haben.
Aber nur zwei Drittel der iberischen Halbinsel waren in den Herrschaftsbereich des Islam gekommen. Das nördliche Drittel war christlich-abendländisch geblieben. Vier Königreiche sind hier entstanden: Asturien-León im äußersten Nordwesten sowie Kastilien, Navarra und Aragon im Schatten der Pyrenäen. Von ihnen wird die Reconquista ausgehen, vor allem aber waren diese christlichen Königreiche damit beschäftigt, sich gegenseitig das Leben schwer zu machen, übereinander herzufallen, sich zu vereinen und wieder zu trennen.
Aus diesem ziemlich chaotischen Durcheinander, das den Historikern einiges Kopfzerbrechen bereitet, ist das Königreich Portugal hervorgegangen: Der König von Kastilien belehnte einen burgundischen Ritter Heinrich, der sich im Kampf gegen die Mauren ausgezeichnet hatte, mit der Grafschaft zwischen den Flüssen Minho und Mondego. Fortan nannte sich Heinrich Graf von Portucale – nach Porto, der wichtigsten Stadt des Landes. Zu seiner Frau wurde Teresa, eine – freilich illegitime – Tochter des Königs von Kastilien, gemacht. Nach Heinrichs Tod führte sie die Regentschaft für ihren Sohn Afonso Henriques, der sich, nachdem er die Mutter aus dem Land gejagt hatte, von seinen Hauptleuten zum König ausrufen ließ. Anlaß war eine siegreiche Schlacht gegen die Mauren bei Ourique, nach der sich Alfons stark genug fühlte, seine Unabhängigkeit von Kastilien zu verkünden. Daß diese Schlacht nicht gar so wichtig und entscheidend war, wie die Chronisten uns glauben machen wollen, belegen die Zweifel am Schauplatz des Kampfes: war es der Ort Ourique südlich von Leiria oder war es der Ort Ourique im Alentejo? Heute neigt man zum ersteren; die Legende aber bevorzugte das zweite Ourique.
So kann man fünfzehn Kilometer östlich davon, in Castro Verde, die Kirche Nossa Senhora da Conceição entdecken, wo Azulejos im Schiff die Geschichte der Schlacht erzählen.
Man kann sich auch an „Die Lusiaden" des Luis de Camões halten, das portugiesische Nationalepos aus dem 16. Jahrhundert, vergleichbar der Ilias und Odyssee der Griechen, der Aenis der Römer, dem Nibelungenlied der Deutschen (... oder „Vom Winde verweht" der Amerikaner), und es wäre ein Wunder, hätte Camões nicht auch die Schlacht von Ourique besungen, eine schaurig-schöne Episode im portugiesischen Heldenleben:

Wie durch Geschrei und Rufen angereizt,
Im Waldgebirg die wutgetriebne Dogge
Gegen den Stier anrennt, der stehen bleibt,
Auf seines Horns furchtbare Kraft vertrauend;
Bald packt sie ihn am Ohr, bald an der Seite,
Mehr schwach als kräftig tönet ihr Gebell,
Bis endlich, wenn die Gurgel sie zerfleischt,
Des Starken mächt'ge Kraft zusammenbricht:

So stürzt des neuen Königs Mut, entzündet
Zugleich von Gott und seines Volkes Liebe,
Sich auf die wohlgerüsteten Barbaren,
Einstürmend mit dem mutbewehrten Heer.
Die Mohrenhund' erheben lärmendes
Geschrei, das Volk in Wut sucht nach den Waffen,
Nach Lanz' und Bogen greift man, Tuben tönen;
Alles erdröhnt von kriegerischer Musik.

Wie wohl die Flamme, die in dürre Felder
Geworfen wurde, bei des zischenden
Nordwindes Blasen, angefacht vom Sturm,
Das trockne Buschwerk zu verzehren strebt:
So greift der Mohr bestürzt und in Verwirrung,
In höchster Eil' unachtsam zu den Waffen;
Nicht flieht er, sondern steht voll Zuversicht,
Und spornt sein kampfgewohntes Roß zum Laufe,
Der Portugiese greift ihn kühnlich an,
Und jagt die Lanz' ihm mitten durch die Brust;
Die einen sinken hin halbtot, und Andre
Flehn zu dem Koran, ihnen beizustehn.

Dort treffen sie nun furchtbar aufeinander,
Als wollten sie ein Felsgebirg zermalmen;
Es jagen wild die Tiere, die Neptun,
Die Erd' erschütternd einst entspringen ließ.
Sie geben sich furchtbare, mächt'ge Streiche,
Nach allen Seiten tobt entbrannt der Kampf.
Der Portugiese bricht, stößt, sticht, macht Beulen
Und haut durch Harnisch, Küraß, Panzerhemd.

Dort fliegen ohne Herrn und ohn' Empfindung
So Köpf' als Arm und Beine durch das Feld;
Von andern zucken noch die Eingeweide,
Die Farb' ist bleich, die Miene todesstarr;
Schon räumt das Feld das gottverlaßne Heer.
Da strömen Bäche von vergoßnem Blute,
Wodurch sogar das Feld die Farb' einbüßt,
Da Weiß und Grün in dunkles Rot sich wandelt.

Ein nationales Epos, wenn es einmal in den vaterländischen Lesebüchern und in den Köpfen installiert ist, hat ein langes Leben; von Generation zu Generation erben sich seine Verse, sein Rhythmus und sein hoher Anspruch fort. Noch in den letzten Kolonialkriegen Portugals zu Anfang der siebziger Jahre wurden auf Kurzwellensendern Verse von Camões nach Übersee ausgestrahlt: die Soldaten sollten sich die Helden der Schlacht von Ourique zum Vorbild nehmen.
Wenige Jahre nach dieser Schlacht von Ourique wurde die Königswürde Alfons' I. von Kastilien anerkannt, jetzt fehlte dem neuen Staat nur noch die Sanktionierung durch den Papst. Mit symbolischen Tributzahlungen von vier Unzen Gold pro Jahr versuchte Alfons gutes Wetter zu machen, aber erst 1179 wurden Titel und Erbfolge von Rom endgültig abgesegnet – nach einer Erhöhung des Tributs und einer kräftigen Einmalzahlung.

Könige, Kriege, Kreuzritter – ein neuer Staat auf der europäischen Landkarte

Politisch gesehen war Portugal jetzt Portugal; was sein Territorium angeht, blieb es freilich noch ein Fragment, ein Torso mit wechselnden Grenzen. Immerhin wurden diese weiter nach Süden vorgeschoben. 1147 war Santarém erobert worden, und noch im selben Jahr bot sich die günstige Gelegenheit, in den Besitz von Lissabon zu kommen, das offensichtlich schon in maurischer Zeit eine blühende Stadt gewesen ist. 60 000 tributpflichtige Familien soll es gegeben haben. Aber Lissabon war natürlich auch eine wehrhafte Stadt mit Mauer und Burg.
Im selben Jahr 1147 waren ein deutsches Kreuzfahrerheer unter Kaiser Konrad III. und ein französisches Heer mit König Ludwig VII. an der Spitze aufgebrochen, das Heilige Land »aus der Gewalt der Ungläubigen« zu befreien. Die Züge gingen durch Ungarn nach Konstantinopel und von dort nach Kleinasien. Ein drittes Kreuzfahrerheer mit dreizehntausend Mann wollte Palästina zu Schiff erreichen. Zur rechten Zeit kam ein Sturm auf:

Eine Flotte mit Kreuzfahrern nahte der portugiesischen Küste. Die Mannschaft von ungefähr fünfzig Schiffen war von einer Flotte von beiläufig zweihundert englischen und flandrischen Schiffen, zu denen Fahrzeuge mit Pilgerscharen aus Köln und andern am Rhein und an der Weser gelegenen Städten gestoßen waren, durch einen Sturm am Himmelfahrtstag an die Küste von Galicien verschlagen worden und hatte das Pfingstfest in Santiago de Compostela gefeiert. Darauf waren die Verschlagenen nach der Mündung des Douro gesegelt und hatten bei Porto angelegt ... Der Bischof von Porto, vom König beauftragt, sie dort zu empfangen, scheint schon damals Unterhandlungen mit den Kreuzfahrern angeknüpft zu haben, um sie zur Teilnahme an der Belagerung und Eroberung Lissabons zu bewegen. Der Antrag war einladend. Was sie in weiter Ferne suchten, war ihnen hier schon in der Nähe geboten. Ihren frommen Eifer konnten sie auch hier betätigen, durch verdienstlichen Kampf gegen die Ungläubigen den christlichen Namen verbreiten. Dem Ehrsüchtigen eröffnete sich auch hier ein herrlicher Schauplatz des Ruhms, im Angesicht eines heldenmütigen Volkes, dessen Dank zugleich zu ernten war. Den Habsüchtigen lockte das reiche Lissabon mit seinen morgenländischen Schätzen. Alles forderte die Kreuzfahrer auf, an Lissabons Eroberung teil zu nehmen.
(Heinrich Schäfer: „Geschichte von Portugal", 1836)

In der Tat: Wer konnte da widerstehen? Wer mochte auf die Möglichkeit verzichten, an irdische und himmlische Belohnungen gleichzeitig zu kommen? So belagerte man Lissabon, das nach viermonatigem Kampf fiel. Kampflos ergaben sich daraufhin die Städte Sintra, Almada und Pamela. Viele der Kreuzfahrer aber verzichteten weise auf den weiteren Teil der Reise und blieben in Portugal. So entgingen sie dem entsetzlichen Fiasko, mit dem der zweite Kreuzzug endete: nur ein demoralisierter Haufen von Geschlagenen, ein ruhmloser Kaiser und ein ruhmloser König kehrten in die Heimat zurück.

In Portugal aber wechselten Sieg und Niederlage, Krieg und Frieden: Immer wieder fiel eine Stadt in die Hände der Christen, wurde ein Jahrzehnt oder eine Generation später von den Mauren zurückerobert, bis dann erneut christliche Truppen anrückten. Weit in die Zukunft blikkend nannte sich schon Alfons' I. Sohn und Nachfolger, Sancho I., „König von Portugal und Algarve" –, aber das war eher ein politischer Anspruch als der Ausdruck der wirklichen Situation. Noch herrschten in der Algarve die Mohammedaner, erst um die Mitte des dreizehnten Jahrhunderts waren sie endgültig vertrieben, im Jahr 1249 hatte sich die Stadt Faro ergeben.
Doch auch den kommenden Generationen wird kein ruhigeres Schicksal beschieden sein: Kämpfe mit Kastilien oder Spanien, Streit und Zwist auch im Königshaus, Ränke und Intrigen, Hinterlist und Verrat – in dieser Hinsicht unterschied man sich nicht von anderen europäischen Königshäusern. Auch die Familienverhältnisse entsprachen im großen und ganzen dem europäischen Standard. Nur ein einziges Beispiel sei genannt: Pedro I., der von 1357 bis 1367 regierte.
Pedros Vater Alfons IV. hatte als Gemahlin für seinen Sohn die verstoßene Ehegattin des kastilianischen Königs vorgesehen. Der aber ließ die Verstoßene aus immer neuen fadenscheinigen Gründen nicht ziehen. Als sie schließlich in Portugal eintraf, wurde zwar die Ehe geschlossen, aber Pedro verliebte sich unsterblich in eine aus Kastilien mitgebrachte Hofdame, Inês de Castro. Aus Gründen der Staatsraison wurde Inês nach Spanien zurückgeschickt, aber dann starb Pedros offizielle Gemahlin nach der Geburt eines Thronfolgers – und Pedro tat sich wieder mit Inês zusammen. Vier Kinder, „Bastarde", wurden geboren – und da begann der Himmel zu zürnen: er schickte ein Erdbeben (1346), und er schickte die Schwarze Pest. Jetzt ging gar das Gerücht, Pedro sei heimlich und in aller Stille mit Inês eine Ehe eingegangen. Da fürchtete Alfons IV. für die rechtmäßigen Thronfolger und ließ die Frau von seinem Kronrat zum Tode verurteilen. So konnte sie in aller Ordnung hingerichtet werden; Pedro aber hat sich mit seinem Vater – wenigstens äußerlich – versöhnt.
Auf Pedro folgte der rechtmäßige Thronerbe Fernando, „Fernando der Schöne", doch mit ihm trat die erste portugiesische Dynastie auch schon von der Bühne der Geschichte ab. Auf die Dynastie Burgund wird die Dynastie Avis folgen, deren erster Vertreter, König Johann I., noch einmal ein illegitimer Sohn Pedros und einer ansonsten unbekannten Geliebten war.
Solche verwickelten Familienverhältnisse sind gewissermaßen die Fußnoten im Buch der Geschichte, sind schmückendes oder groteskes Rankenwerk für den Historiker. Das Hauptgewicht aber liegt natürlich auf den „großen" Ereignissen und Entwicklungen: Im Laufe von drei Jahrhunderten ist im Südwesten der iberischen Halbinsel ein Staat entstanden, der sich im Lauf der späteren Jahrhunderte als lebensfähig erwiesen hat. Im 15. Jahrhundert begann er dann, politisch und wirtschaftlich offensichtlich konsolidiert, über seine Grenzen und gleichzeitig über die Grenzen Europas hinauszugreifen. Die Eroberung Ceutas war nur der erste Schritt gewesen.

Dom Henrique, Träumer und Realist – oder der lange, lange Weg nach Indien

In den Augen König Johanns und in den Augen des Infanten Duarte war diese Eroberung vor allem ein militärisches und politisches Ereignis. Für den Infanten Heinrich muß sie etwas ganz anderes gewesen sein: der Beginn eines welthistorischen Abenteuers, einer phantastischen Reise in die Ferne, eines Aufbruchs in die Zukunft. Will man beckmesserisch argumentieren, muß man freilich anmerken, daß Heinrich einem Gespenst der Vergangenheit nachgefahren ist – dem sagenhaften Priesterkönig Johannes.
Irgendwann im zwölften Jahrhundert begann man von diesem Priesterkönig zu sprechen. Im tiefsten Asien, hinter Wüsten und Gebirgen, sollte sein Reich angeblich liegen, ein gewaltiges christliches Reich mit einem Herrscher an der Spitze, der schon zu Zeiten Christi gelebt habe. Es ist nicht schwer, hinter diesen Legenden christliches Wunschdenken zu erkennen: man brauchte Zuversicht und eine Utopie angesichts der Erfolge des Islam. Dann tauchten sogar Briefe dieses Priesterkönigs an Kaiser Friedrich Barbarossa auf, an den Kaiser von Byzanz und an den Papst – Briefe, in denen dieses irdische Paradies geschildert wurde. Der Papst ließ eine Antwort verfassen und schickte einen Boten nach Osten – doch man hat weder von diesem Boten noch von dem Priesterkönig Johannes je wieder etwas gehört. Aber an seiner Legende wurde weiter gesponnen:

Im Reich des Priesters Johannes gibt es manches fremde Land mit mancherlei Menschen und Tieren. Und an einem Ende seines Reiches gibt es ein Sandmeer, das ist ein Meer, das von lauter fließendem Sand bedeckt ist, und es gibt dort so viel Sand, daß man nicht weiß, ob Wasser darunter ist oder nicht. An einigen Stellen kommen Tiere darunter hervor, wie Fische; doch sehen sie nicht wie wirkliche Fische aus. Auch besitzt der Priester Johannes goldene Berge und anderes Metall, da die Mäuse und Ameisen und anderes Getier das Gold herausbringen, so daß man es schön und lauter findet. Es ist nicht so schwere Arbeit wie bei uns zu Lande.

In diesem Ton hat Otto von Diemeringen, ein Domherr aus Metz, ein ganzes Volksbuch über den Priesterkönig geschrieben. Ein Abglanz solcher Berichte spukte auch noch im Kopf des portugiesischen Infanten: wenn es dieses Reich des Priesterkönigs gab, dann mußte man auch dorthin gelangen können. Aber der Weg nach Osten und Südosten war versperrt durch die mohammedanische Welt, und auch die wenigen Karawanenstraßen durch die Sahara waren in den Händen der Araber. Blieb also nur die Fahrt um Afrika herum.

Das liest sich heute leicht; für das späte Mittelalter war es eine ungeheuerliche Vorstellung. Niemand wußte, wie weit sich Afrika nach Süden erstreckte und ob man mit einem Ostkurs wirklich nach Asien gelangen konnte. Vielleicht verlor sich die Welt dort unten ja auch ins Bodenlose. Niemand wußte Genaues, und wenn die Matrosen ihr Seemannsgarn spannen, dann war vom Dunkelmeer die Rede, vom Schattenmeer und vom Kap Não, dem Kap Nichts, über das nie jemand hinausgekommen war.

All das wußte Prinz Heinrich. Aber er begnügte sich nicht mit diesen eher märchenhaften Berichten. Er ging das Problem eines Seewegs um Afrika und nach Indien im Geist der Neuzeit an. Auf dem Vorgebirge von Sagres, dem äußersten Südwesten der Algarve (... und Europas) richtete er, wie man heute sagen würde, ein Forschungszentrum ein. Hier sammelte er Daten und Fakten für die geplanten Expeditionen, ließ die nautischen Instrumente verbessern, Karten auf den neuesten Stand bringen und sorgte für die Ausbildung von Kapitänen. Sicher darf man dieses Unternehmen nicht mit einer heutigen Forschungsanstalt im EG-Maßstab vergleichen, aber ein Dutzend interessierter und engagierter Männer hat Heinrich bestimmt um sich geschart. Von seinem Vater war er zum Gouverneur der Algarve ernannt worden, und außerdem standen ihm als Großmeister des Christus-Ordens dessen Einkünfte zur Verfügung.

Dieses Abenteuer der Entdeckungen aber begann mit einer Wiederentdeckung. Heinrichs Historiograph Zurara erzählt in seiner „Chronik von Guinea“:

Bei Heinrichs Rückfahrt von Ceuta im Jahre 1418 baten zwei seiner Schildknappen, Zarco und Teixeira, um Erlaubnis, sich irgendwo auszeichnen zu dürfen, worauf der Infant ein Schiff ausrüstete und sie beauftragte, das Land Guinea zu suchen. Von Gott geleitet, erreichten die beiden trotz widriger Winde Porto Santo, und nachdem sie festgestellt hatten, daß die Insel sich zur Siedlung eigne, erstatteten sie ihrem Herrn Bericht. Auf sein Betreiben fuhren sie bald darauf in Begleitung Perestrellos, eines zu Heinrichs Hofhalt gehörigen Edelmannes, abermals nach Porto Santo, wohin sie Sämereien und verschiedene Haustiere mitnahmen, darunter ein prächtiges Kaninchen, das unterwegs Junge warf. Die Nagetiere vermehrten sich jedoch ungemein rasch und fraßen die ganze sprießende Saat auf. Da es schließlich ihrer zu viele gab, um sie vernichten zu können, ließen die drei ein Jahr später die Insel im Stich und setzten nach dem 12 Leguas (75 km) entfernten Madeira über. Hier fanden sie einen fruchtbaren Boden und Wasser in Hülle und Fülle, so daß ergiebige Ernten ihre Arbeit belohnten. Und bald schickte der Infant ihnen Kolonisten zu Hilfe und teilte die Insel in zwei Bezirke, deren Verwaltung er seinen einstigen Schildknappen übertrug. Perestrello hingegen wurde mit Porto Santo, dem Paradies der Kaninchen, abgefunden.

Offensichtlich haben Kaninchen eine ganz besondere Beziehung zur Geschichte des Landes, und man könnte sich fragen, warum sie nicht zum portugiesischen Wappentier geworden sind. Was aber Madeira und Porto Santo angeht: diese Inseln auf der Höhe Marokkos waren schon in der Antike bekannt, gerieten dann in Vergessenheit und wurden erst im vierzehnten Jahrhundert wieder angefahren. Daß sie in das abendländische Weltbild Eingang fanden, ist Heinrich dem Seefahrer zu verdanken. Auch sorgte er für ihre Besiedlung, so daß Madeira um 1450 wohl 800 Einwohner zählte. Zuerst aber waren die Wälder abgeholzt worden, eine Zeitlang wurde in Portugal nur noch mit „Madeiraholz“ gebaut. Auf der Insel wurde Zuckerrohr angepflanzt. Eingeborene zum Christianisieren oder Verkaufen hatte man nicht gefunden.

Bald waren auch die Azoren entdeckt, und um die Kanaren kam es mit Spanien zu jahrzehntelangen Auseinandersetzungen, in denen schließlich die Spanier die Oberhand behielten. Doch für Heinrich den Seefahrer war dieses isle-hopping, dieses Springen von Insel zu Insel, nur der erste Schritt für den weiteren Vorstoß nach Süden. 1416 war das Kap Não an der westafrikanischen Küste – etwa auf der Höhe Lanzarotes – umschifft worden, ohne daß die Seefahrer in einen Strudel des Nichts gerissen worden wären. Die nächste Etappe mußte das Kap Bojador sein. So wie zuvor Kap Não als Grenze der menschlichen Welt gegolten hatte, so schien nun dieses „Kap der Angst“, das caput finis Africae, die letzte unüberwindliche Barriere zu sein. Jahr für Jahr schickte Heinrich seine Kapitäne los,damit sie endlich das Kap umsegelten. Aber alle kamen sie wieder unverrichteter Dinge zurück. Schon die Küste südlich des Kap Não war schrecklich genug:

Sie besteht aus steilen Felsen oder aus Dünen, denen Riffs vorgelagert sind. Wenn der Wind aus der westlichen Richtung heult, erreicht die Tiefe der Wogen fünfzehn Meter, und ihr Brüllen hört man meilenweit. Von Oktober bis April ist die Küste stets von einer undurchdringlichen Nebelwand umhüllt.

So ein französischer Seefahrer im Jahre 1431. Doch Heinrich ließ sich nicht beirren. 1433 schickte er einen der wagemutigsten Männer seines Hofes, Gil Eanes, auf die Reise. Eanes umsegelte das Kap Não – und kehrte um. Die Angst vor dem Unbekannten muß wirklich tief in den Köpfen gesteckt haben. Heinrich ließ nicht locker: im folgenden Jahr wurde Eanes wieder ausgeschickt, und dieses Mal umsegelte er auch Kap Bojador, ging südlich davon an Land und erlebte die Enttäuschung mancher Entdecker: es gab da nichts zu entdecken, keine Menschen, keine tierischen Fabelwesen, kein Gold. Ein paar Pflanzen nahmen die Matrosen mit – für Heinrich und seine Zeitgenossen war diese Reise dennoch ein wichtiger Erfolg: auch das Kap Bojador war nicht das Ende der Welt – man konnte weiter segeln. Und man segelte weiter, fast Jahr für Jahr drangen die portugiesischen Schiffe weiter vor. Endlich stieß man auch auf Menschen: 1441 wurden die ersten Sklaven nach Portugal gebracht, nur ein paar erste Exemplare. Im Jahr darauf – wie sorgfältig haben die Buchhalter und Chronisten gezählt! – waren es schon 32 Sklaven, und am 8. August des Jahres 1444 wurden im Hafen von Lagos 235 Exemplare der Ware Mensch ausgeschifft.

Lagos – im Hafen der Stadt begann die Fahrt der Karavellen ins Unbekannte

Wer heute als Tourist von seinem Badestrand an der Algarve einen Ausflug nach Lagos unternimmt und Phantasie besitzt, mag sich ausmalen, welche Szenen sich auf der jetzigen Praça da República abgespielt haben, als dort die ersten afrikanischen Sklaven verkauft wurden; von der Mercado de Escravos sprach man damals, vom Sklavenmarkt.
Von Lagos aus war 1415 die Flotte nach Ceuta in See gestochen, nachdem all denen, die aus dem Feldzug nicht zurückkommen würden, schon im voraus die Absolution erteilt worden war; in Lagos war Gil Eanes zur Welt gekommen, und von hier aus ging auch seine Fahrt um das Kap Bojador. Jetzt begannen die Eroberungen und Entdeckungen ihre Früchte zu tragen: das erste Sklavenschiff lief ein. Der Chronist Zurara berichtet:

Am nächsten Tage, dem achten des Monats August, machten die Seeleute der Hitze wegen in aller Frühe ihre Boote bereit und schafften die Gefangenen an Land. Fürwahr, ein wunderbarer Anblick, wie sie dort alle aufgereiht standen, denn die einen waren ziemlich weiß und gut gebaut, andere gelb wie Mulatten und die dritten schwarz wie Äthiopier und so scheußlich von Angesicht und Wuchs, daß man an Abbilder einer niedrigeren Welt dachte. Einige neigten tief das in Tränen gebadete Antlitz; manche stöhnten erbärmlich, den Blick gen Himmel gerichtet; wieder andere schlugen sich ins Gesicht und warfen sich langausgestreckt auf den Boden. Auch fehlte es nicht an solchen, die die Klagegesänge ihrer Heimat anstimmten, und obwohl wir die Worte nicht verstanden, zeugte der Ton von ihrer großen Traurigkeit. Um ihr Elend noch zu vermehren, begann man nun, die Familien auseinanderzureißen: Eltern wurden von ihren Kindern, Frauen von ihren Männern getrennt. Die Beamten nahmen keinerlei Rücksicht auf Blut- oder Freundschaftsbande, sondern regelten alles nach Willkür.

„... und nach den Preisangeboten", wäre zu ergänzen. Der Anteil des Prinzen Heinrich betrug sechsundvierzig Menschen. Zurara betont zwar, dem Infanten sei weniger an Bereicherung als an Seelenrettung gelegen – das hinderte ihn aber nicht daran, seinen Anteil Stück für Stück weiter zu verkaufen. Da sich das Geschäft lohnte, gründete er bald darauf zusammen mit verschiedenen Kaufleuten die „Companhia de Lagos". Hinter der sachlichen Firmierung verbarg sich der Sklavenhandel.
So kam es, daß die Kapitäne, wenn sie von ihren Reisen entlang der westafrikanischen Küste zurückkehrten, bald berichten mußten, die Eingeborenen seien feindlich und mißtrauisch geworden und am Tauschhandel nicht mehr interessiert. So mußte man sie denn einfangen, wenn man Sklaven mit in die Heimat bringen wollte.
Aber Heinrich der Seefahrer war natürlich nicht nur Sklavenhändler. Er war wohl schon besessen von einem Entdeckungsfieber, konzentrierte in sich gewissermaßen Interesse und Neugier der ganzen gebildeten Welt – und jede neue Reise brachte denn auch neue Berichte und neue Erkenntnisse. Nach der Umsegelung der Kaps Não und Bojador war die große psychologische Hemmschwelle verschwunden, aber da Prinz Heinrich die Übersicht behalten wollte und wohl auch eine Art Monopol, durfte schon bald kein Schiff mehr ohne seine ausdrückliche Genehmigung über Kap Bojador hinaussegeln. Aber ein sehr einträgliches Geschäft waren diese Fahrten zu Beginn sicher nicht. Öl und Häute brachten die Schiffe nach Lagos zurück, ein bißchen Goldstaub und einmal auch Straußeneier, die dem Prinzen feierlich serviert wurden.
Bei einer dieser Reisen entschloß sich ein Seemann namens Fernandes, bei den Einheimischen zu bleiben, bis man ihn bei einer späteren Fahrt wieder abholen würde. Im Tausch wurde ein Afrikaner nach Portugal gebracht. Was auch immer hinter diesem Entschluß steckte – möglicherweise wurde Fernandes auch zur Strafe bei den Ungläubigen zurückgelassen – jedenfalls wurde er sieben Monate später wieder gefunden und konnte in der Vila do Infante bei Sagres dem Prinzen Heinrich Bericht erstatten. Zurara hat seine Erzählungen überliefert:

Die Bevölkerung besteht aus Arabern, Azenegues und Berbern, die in Zelten hausen und von dem Ertrag ihrer Herden leben. Brot und andere Waren verschaffen sie sich bei den Mauren, denen sie schwarze Sklaven liefern. Das Hauptnahrungsmittel ist Milch, mit der sie auch ihre Pferde und Hunde füttern ... Weizen aber werten sie als einen Leckerbissen, wie wir Portugiesen Zuckerwerk. Und jene, die an der Küste leben, essen ausschließlich Fisch, roh oder getrocknet.
Schmuck sieht man selten. Nur die Frauen der Reichen tragen an Ohren und Nasenflügeln goldene Ringe. Da keine Wege vorhanden sind, richteten sich die Hirten, mit denen Fernandes unherschweifte, nach den Sternen und dem Flug der Vögel.
Durch den tiefen Sand und die brütende Hitze wird das Wandern sehr erschwert, so daß die wohlhabenden Nomaden stets reiten. Wer kein Pferd hat, nimmt ein Kamel, und unter diesen gibt es einige weiße, die an einem einzigen Tage fünfzig Leguas zurücklegen können. Schwarze Sklaven zu halten, ist gang und gäbe. Die Männer von Rang nennen auch ziemlich viel Gold ihr eigen, das von der Guineaküste stammt. Wiederholt sah Fernandes große Straußen- und Gazellenherden und beobachtete ferner, daß die von Portugal fortziehenden Schwalben auf den riesigen Sandflächen jener Gegenden überwintern, während die Störche noch weiter südwärts fliegen.

Man kann sich vorstellen, was die Spezialisten in der Vila do Infante aus solchen Berichten heraushörten: „Auch die Mauren, die Ungläubigen, treiben Sklavenhandel" – für die Heiden aber mußte es allemal besser sein, Christ zu werden als Mohammedaner! „Das Gold der Eingeborenen stammt aus Guinea" – wir sind also auf dem richtigen Weg in das Goldland! „Die Störche ziehen weiter nach Süden" – dort muß es also wasserreiche, fruchtbare Gegenden geben.
Doch die afrikanische Küste war noch lang, immer weiter schob sie sich nach Westen vor. Am Cabo Branco, an der heutigen Grenze zwischen Marokko und Mauretanien, hatte man gehofft, den westlichsten Punkt erreicht zu haben – doch das war eine Täuschung. Immer wieder mußte Prinz Heinrich seine Kapitäne antreiben, die es

manchmal vorzogen, an den schon bekannten Küsten auf Sklavenjagd zu gehen, anstatt weiter ins Unbekannte zu fahren. Dann endlich wurde 1445 Kap Verde erreicht, der westlichste Punkt Afrikas und der Alten Welt. Das „grüne Kap" hatte es sein Entdecker getauft, denn staunend hatten die Seefahrer festgestellt, daß sich das Land, je weiter sie nach Süden kamen, veränderte. Die Wüste mit ihren endlosen Dünen machte einer üppigen Vegetation Platz, und die Menschen, die man am Strand entdeckte, schienen zutraulich. Offensichtlich hatten sie mit den Weißen noch keine Erfahrungen gemacht.

Pferdfische, Nashornvögel, Giftpfeile und das seltsame Verschwinden des Polarsterns

Von jeder dieser Fahrten wußte der Chronist Zurara interessante und kuriose Details zu berichten: man entdeckte rosa gefiederte Flamingos und Nashornvögel, geriet in trübes Meerwasser, das süß schmeckte, entdeckte eine Elefantenhaut, machte tödliche Bekanntschaft mit den Giftpfeilen der Eingeborenen, tauschte Mauren gegen Neger (ein Maure gleich drei Neger), verlor Leute, die auf Nimmerwiedersehen verschleppt wurden, entdeckte die Kapverden, wunderte sich, wie tief der Polarstern am Himmel stand, entdeckte ein anderes Sternbild, das man den „südlichen Wagen" nannte (das „Kreuz des Südens"?), konnte endlich den langersehnten Pfeffer erhandeln, Elfenbein eintauschen und immer wieder neue Pflanzen und Tiere entdecken:

Außer den Elefanten lernten wir am Gambia noch ein anderes merkwürdiges Tier kennen, das die Eingeborenen Pferdfisch nennen. Es ist über drei Meter lang und hat überaus kurze Beine mit gespaltenen Hufen; am Kopf, der dem eines Pferdes ähnelt, sitzen wie beim Wildeber zwei Hauer, beinahe so lang wie ein Unterarm. Dieser Pferdfisch steigt aus dem Wasser heraus und geht dann gleich anderen Vierfüßlern umher. Ferner sahen wir riesige Fledermäuse, vielerlei Arten von Papageien und zahllose in Europa unbekannte Fische.

So erzählt der Venezianer Alvise de Cadamosto, den Heinrich der Seefahrer in seinen Dienst genommen hatte. Dann folgte eine neue Expedition, die den Auftrag hatte, den Gambia hinaufzusegeln, um so näher an das Reich des Priesterkönigs Johannes heranzukommen. Stromschnellen hielten die Karavelle dann wohl auf. So ging die nächste Reise, unter Pedro de Sintra, wieder an der Küste entlang, weiter nach Süden, als je ein europäisches Schiff gekommen war: Sintra entdeckte die Bissagos-Inseln vor der Küste von Guinea, das Kap Sierra Leone, das seinen Namen von den in der Ferne sichtbaren Bergen hat, über denen „mit Löwengebrüll" Blitz und Donner niedergehen, und er entdeckte die Küste des heutigen Liberia, die bald den Namen „Pfefferküste" bekam.

Als Pedro de Sintra mit all diesen frohen Botschaften nach Portugal zurückkehrte, war Heinrich der Seefahrer am 13. November 1460 gestorben. In Lagos, wo ihn heute ein Denkmal mit einem breitkrempigen Hut zeigt, wurde er bestattet, später wurden seine Reste in das Kloster Batalha überführt, die letzte Ruhestätte der Dynastie Avis. Seinen Erben hinterließ der Seefahrer einen Schuldenberg von 35 000 Golddublonen (1 Dublone = ca. 60 Goldmark).

Sein geistiges Erbe aber, das er den Portugiesen vermachte, war ein Traum, eine Utopie vielleicht: der Seeweg nach Indien. Wenn man sich eine Weltkarte vornimmt, läßt sich die Größe oder Maßlosigkeit dieses Traums abschätzen: nicht eine Lebensaufgabe hatte Heinrich da in Angriff genommen, sondern ein Jahrhundertwerk. Jahr für Jahr hatte er seine Karavellen hinausgeschickt, viele Dutzende, und immer näher waren sie dem Ziel gekommen, doch beim Tode Heinrichs war noch nicht einmal ein Viertel der Strecke von Portugal bis Indien überwunden.

Und mit welchen Schiffen! Mit welchen navigatorischen Möglichkeiten! Die Karavellen, die wir in den Seeräuberfilmen bewundern, sind die Schiffe des siebzehnten und achtzehnten Jahrhunderts. Was sich zu Zeiten des Infanten Heinrich auf See wagte, waren Nußschalen, keine zwanzig Meter lang, zwei oder drei Masten mit lateinischen Segeln, ein Kastell auf dem Hinterdeck. Die Hauptnahrung der Besatzung bestand aus dem sogenannten Schiffszwieback, und man kann sich denken, wie schnell das Trinkwasser in den Fässern brackig wurde. Immer wieder wird auch von der entsetzlichen Seemannskrankheit berichtet, dem Skorbut, der ungezählte Opfer forderte.

Dazu kamen die Probleme der Navigation. Die Instrumente waren unvollkommen: der Kompaß, das Astrolabium, mit dem man die Stellung der Gestirne messen konnte, um so den Standort des Schiffes zu berechnen. Das Sicherste war noch immer, in Sichtweite der Küste zu segeln – mit dem Risiko freilich, auf Untiefen oder ein Riff zu stoßen. Von mancher Karavelle, die auf große Fahrt gegangen ist, hat man nie wieder etwas gehört.

Dennoch wurde auch nach dem Tod des Infanten Heinrich das risikoreiche Abenteuer der Entdeckungen fortgesetzt. Noch ein Jahrhundert später schildert Luis de Camões in seinen „Lusiaden" die kühne Fahrt entlang der afrikanischen Küste: nicht nur auf dem Land, auch auf dem Wasser lauern Gefahren.

Umständlich dir berichten von Gefahren
Des Meers, wovon die Menschen nichts verstehn,
Von schnellentstandnem, fürchterlichem Donner,
Von Blitzen, die die Luft in Feu'r entflammen
Platzregen, grausen und stockfinstern Nächten,
Von Donnerkrachen, das die Welt zerspaltet, –
Wär' gleich viel Müh als töricht Unterfangen,
Sollt' auch von Eisen mir die Stimme sein.

Genau gewahrt' ich das lebend'ge Licht,
Das von dem Schiffsvolk heilig wird geachtet,
Zur Zeit des Sturmes und das Windestosen
Und klägliche Geheul des grimmen Wetters.
Nicht minder war's für All' ein großes Wunder
Und sichre Ursach argen Schrecks, zu sehn,
Wie Meergewölk empor in langem Rohre
Des Ozeans erhöhte Fluten sog.

Auch sah ich sicherlich – und nimmer glaub' ich,
Daß das Gesicht mich täuschte – feinen Dunst
Und dünnen Rauch sich in die Luft erheben
Und, von dem Wind gejagt, umher sich drehn;
Hierauf, als Rohr zum höchsten Pol erhoben,
Erschien dermaßen es, daß mit den Augen
Es sich so leichtlich nicht erkennen ließ;
Vom Stoff der Wolken däucht' es mir zu sein.

Und nach und nach begann es zuzunehmen,
Und wurde dicker als ein starker Mast;
Verengt sich bald und bald erweitert sich's,
Wie's in sich schluckt die Züge großen Wassers;
Und mit den Wellen auf und nieder wogend
Verdichtet's auf dem Gipfel sich zur Wolke,
Indem es größer wird und immer schwerer
Von jener großen Last verschluckten Wassers.

Da wird das St. Elmsfeuer beschrieben und eine Trombe, eine Wasserhose, beides Erscheinungen, die damals physikalisch nicht erklärbar waren und denen man darum übernatürliche Ursachen zuschrieb, so daß sie für die Seeleute geheimnisvolle Bedeutungen bekamen. Selbst dem Kompaß schrieb man magische Wirkungen zu. Doch es fanden sich immer genügend Kapitäne und Steuermänner. Unter den Matrosen waren oft zum Tode Verurteilte, denen man das Leben schenkte, wenn sie auf diesen Schiffen anheuerten.

Zum Äquator, zum Wendekreis des Steinbocks und zum Kap der Guten Hoffnung

Nach dem Tod Heinrichs des Seefahrers wurden die Expeditionen von Lissabon aus dirigiert. Die Vila do Infante bei Sagres wurde aufgegeben; heute findet der neugierige Besucher nur noch kärgliche Spuren, vor allem eine über vierzig Meter große Windrose, die dort im Fels die Stürme der Zeit und der Geschichte überdauert hat. Nur ihr Rätsel hat sie bisher nicht preisgegeben: warum zeigt sie nicht wie jede andere Windrose 32 Himmelsrichtungen, sondern 42? War sie nur Dekoration, Spielerei, oder steckt etwas anderes dahinter?
In Lissabon betrieb man das Geschäft der Entdeckungsreisen mit weniger Phantasie und Romantik. König Alfons V., ein Neffe des Infanten Heinrich, erwies sich als ein höchst moderner Staatsmann: er privatisierte Heinrichs Unternehmen. Die Krone schloß mit dem Lissaboner Geschäftsmann Fernão Gomes einen Vertrag, in dem sich Gomes verpflichtete, während der Vertragsdauer (1469–1475) alljährlich 100 Leguas, also 600 km Land an der afrikanischen Küste zu entdecken. Ausgangspunkt war die Pfefferküste. Gomes hatte eine Pachtsumme von 200 000 Reis pro Jahr zu entrichten, dafür wurde ihm das Handelsmonopol zugesichert.
Offensichtlich ist Gomes seinen Verpflichtungen nachgekommen. Die Schiffe entdeckten den Golf von Guinea, fuhren immer weiter nach Osten und mußten dann aber erkennen, daß die afrikanische Küste wieder eine ganz unvorhergesehene Überraschung bereithielt: der Kontinent war nicht zu Ende. Man segelte nicht endlich in das Indische Meer, sondern die Küste bog weiter nach Süden ab. Von neuem verschwand das Ziel in weiter Ferne. Dafür fiel in diese Jahre ein Ereignis von gewissermaßen „globaler" Bedeutung: eine der Karavellen des Hauses Gomes überquerte den Äquator – Europa begann seine ersten tastenden Fühler auf die Südhalbkugel der Erde auszustrecken. Leider war die Firma Gomes vor allem am Handel interessiert. So fehlte das wissenschaftliche Engagement des Infanten Heinrich, der die Kapitäne und Matrosen nach der Rückkehr ausfragte und die Berichte festhalten ließ. Wir sind deshalb über die einzelnen Reisen und ihre Ergebnisse nur sehr ungenau informiert.
Der Nachfolger von König Alfons V., Johann II., sollte handfestere Spuren seines Wirkens hinterlassen. Langsam wurde aus den Entdeckungsreisen kontinuierliche Kolonialpolitik, begann die Epoche des überseeischen Portugal: Im Winter 1481 auf 82 verließ eine kleine Flotte von neun Karavellen den Hafen von Lissabon. Zwei schwerfällige Lastschiffe waren schon vorausgefahren, beladen mit Steinen und Holz für den Bau eines Forts an der Goldküste, im heutigen Ghana. An Bord der Karavellen waren Handwerker und eine Truppe von 500 Soldaten. Bald war ein günstiger Ort für den Bau eines Hafens und der Festung gefunden. Feierlich wurde sie dem Heiligen Georg geweiht: São Jorge da Mina. Und wenn man dem Chronisten Duarte Pacheco glauben darf, hielt der Heilige seine segnende Hand über das Unternehmen:

In jener Niederlassung gedeiht der Handel durch Gottes Gnade so prächtig, daß sie jährlich einhundertsiebzigtausend Dobras (1 Dobra ca. 70 Goldmark) pures Gold nach Portugal ausführt. Neger, die verschiedenen Völkerstämmen angehören und aus großer Entfernung herkommen, liefern es gegen Waren mancherlei Art. Der Gewinn beläuft sich auf fünf zu eins und mehr; doch das Land ist wegen seines Fiebers höchst ungesund, und die Weißen sterben hier sehr rasch.

Seltsam, daß die Portugiesen Steine und Holz über Tausende von Seemeilen aus der Heimat nach Afrika transportierten. Zur selben Zeit begannen sie auch, den eigentlichen Entdeckungsschiffen sogenannte Padrões mit auf die Fahrt zu geben:

Nach der Erbauung des Forts São Jorge nahm der König den Titel eines Herrn von Guinea an und befahl den Hauptleuten, die er auf Entdeckungen aussandte, an den wichtigsten Stellen der afrikanischen Küste, die sie entdecken würden, statt der Holzkreuze steinerne Pfeiler mit Inschriften in lateinischer und portugiesischer Sprache aufzustellen, worin mitgeteilt werden sollte, in welchem Jahr, unter wessen Regierung und von welchem Entdecker der Pfeiler errichtet worden war. Der erste, der dies ausführte, war Diego Cão. Er entdeckte einen ansehnlichen Fluß, an dessen Mündung er einen Pfeiler aufstellte, um dadurch von der gesamten Küstenstrecke bis zum Südufer Besitz zu ergreifen. Er nannte ihn damals Rio São Jorge; jetzt nennen wir ihn Kongo, weil er das gleichnamige Reich durchströmt. Bei den Einwohnern heißt er Zaire. (João de Barros)

Auch diese Pfeiler oder Säulen wurden schon in Portugal hergestellt. Manche von ihnen haben, über das Wappen und den Text hinaus, ihre eigene Geschichte: sie gerieten in Vergessenheit, wurden beschädigt, zerstört oder von den Eingeborenen zu Totems gemacht – manchmal auch wieder nach Europa zurücktransportiert:
Einen Padrão hatte Diego Cão am Kap Cross, im heutigen Namibia, aufgestellt, dem südlichsten Punkt seiner zweiten Reise. Ende des neunzehnten Jahrhunderts – Südwestafrika war damals deutsche Kolonie – nahm ihn der Kreuzer „Falke" an Bord und brachte ihn nach Kiel in die historische Sammlung der Marineakademie. Von dort gelangte er in das Berliner Museum für Meereskunde. Anderswo ist zu lesen, in Berlin stehe eine Kopie, die echte Säule sei an Lissabon zurückgegeben worden: Auch Steine haben ihre Schicksale!
Mit einem Blick auf die Landkarte können wir feststellen, daß am Kap Cross, an der Mündung des Swakop, die Südspitze Afrikas fast in „greifbarer Nähe" liegt. Die portugiesischen Seeleute des fünfzehnten Jahrhunderts jedoch fuhren weiterhin ins Ungewisse, ja sie konnten nicht einmal sicher sein, daß es eine Durchfahrt zum Indischen Ozean überhaupt gab.
Auf den wenigen existierenden Weltkarten, phantasievollen Zwittern aus Wirklichkeit und geographischer Utopie, war dieser Indische Ozean manchmal sogar als Binnenmeer dargestellt.
Im Jahre 1488 wurde das Rätsel endlich gelöst: Bartolomeu Dias umschiffte das Kap der Guten Hoffnung. Allerdings erlaubte sich die Geschichte der Entdeckungen eine seltsame Pointe – Dias merkte nicht, was geschah! 1487 waren zwei Karavellen und ein Versorgungsschiff, das später zurückblieb, von Lissabon aus in See gegangen. Im Januar des nächsten Jahres hatten die Karavellen fast die Südspitze des Kontinents erreicht, als ein Sturm jede Orientierung unmöglich machte und die Schiffe nach Südwesten auf das offene Meer hinaustrieb. Nachdem das Unwetter sich gelegt hatte, segelte Dias nach Osten, um wieder auf die afrikanische Küste zu stoßen. Als tagelang kein Land in Sicht kam, muß Dias etwas geahnt haben und segelte genau nach Norden. Als er jetzt auf Land stieß, war es die afrikanische Ostküste – sie hatten das Kap der Guten Hoffnung weit südlich umsegelt und hinter sich gelassen. Entdeckerschicksal – noch heute vermag es unseren so sachlichen Blick zu bewegen:

Fast ist man versucht zu sagen, daß dem historischen Bewußtsein um diese wahrhaft weltgeschichtliche Stunde eine gewisse Enttäuschung anhaftet, wenn man sich all die unsäglichen Mühen von Generationen, all die nicht zu schildernden Anstrengungen in Geist und Tat vergegenwärtigt, die bis zu diesem Augenblick jenem einen großen, heißersehnten Ziele zugestrebt hatten, dessen erlösenden Anblick jetzt gerade niemand genießen konnte. Denn jene ersten Europäer, die nun endlich doch das südliche Ende unserer Alten Welt und damit den klassischen Wendepunkt des künftigen Weltverkehrs erreicht hatten, trieben hilflos mit ihren kleinen, hin- und hergeworfenen Schiffen auf den weiten Gewässern, ohne all diese wuchtige Naturschönheit zu erblicken, ohne auch nur von der Ferne einer der südlichen Spitzen ansichtig zu werden, mit denen die festen Landmassen der östlichen Erdhälfte in das „dunkle Weltmeer" des fernen Südens auslaufen.
(Günther Hamann: Der Eintritt der südlichen Hemisphäre in die europäische Geschichte, 1968)

Dias wollte – Indien vor Augen wie Moses einst das Gelobte Land – nach Nordosten weitersegeln, aber die Besatzung sträubte sich. In einer Beratschlagung gab Dias nach, an der äußersten erreichten Stelle wurde ein Padrão errichtet, dann traten die Karavellen die Heimreise an. Den Berichten über seinen Empfang merkt man Enttäuschung an: wieder war das große Ziel nicht erreicht. Bis dahin sollte noch ein Jahrzehnt vergehen, ein entscheidendes Jahrzehnt für den Fortgang der Geschichte. Nicht nur Portugal stand unter dem Zwang der fixen Idee vom Seeweg nach Indien, auch Spanier und Italiener waren auf der Suche. Und da sich das Wissen um die Kugelgestalt der Erde langsam durchzusetzen begann, mußte man natürlich auch auf den Gedanken kommen, den Seeweg nach Indien, die „Gewürzroute", durch eine Fahrt nach Westen zu entdecken. Aber der portugiesische König Johann schlug diese Jahrhundertchance aus, als sie ihm von einem Genueser namens Christoph Kolumbus vorgetragen wurde. Portugal wollte sich nicht mit Kastilien anlegen, mit dem man schon 1479 im Vertrag von Alcáçovas die noch zu entdeckenden Länder aufgeteilt hatte! 1492 gab dann auch der Papst in einer Bulle dieser Verteilung der Welt zwischen Portugiesen und Spaniern seinen Segen, und im selben Jahr noch erreichte Kolumbus Guanahani, eine der Bahamainseln. In Portugal aber ließ man sich durch diesen Erfolg nicht vom rechten Weg abbringen, vom Weg um das Kap der Guten Hoffnung.

Portugal segelt in eine Epoche der Größe, des Reichtums und der Weltgeltung

1495 folgte ein neuer König auf dem portugiesischen Thron – Manuel. Er ging das indische Problem, das jetzt seit mehr als sieben Jahrzehnten die Geschichte des Landes begleitete und oftmals bestimmt hatte, mit neuer Energie an. Die vorgesehene Expedition war außergewöhnlich gut vorbereitet. Zum Bau der Karavellen wurde Bartolomeu Dias hinzugezogen. Er wußte, was die Karavellen bei der Fahrt um das südliche Afrika erwartete und konnte an den Schiffen eine Reihe von Verbesserungen vornehmen lassen.

Zum Leiter der Expedition bestimmte der König den siebenunddreißigjährigen Offizier und Seemann Vasco da Gama. Er war im Jahre 1460 geboren, dem Todesjahr Heinrichs des Seefahrers, und wenn man Sinn für Übersinnliches hat, mag man sich vorstellen, daß der Entdekkergeist des Infanten auf den jungen Vasco übergegangen ist. Im Juli 1497 lief die kleine Flotte von vier Schiffen aus:

Die letzte Nacht durchwachten Offiziere und Mannschaften in einer Kapelle am Ufer des Tejo. Frühmorgens marschierten sie, von einer riesigen Menge begleitet, nach ihren Schiffen. Die Seeleute trugen brennende Wachskerzen, und die Bürgerschaft sang die Responsorien der von den Geistlichen angestimmten Litanei. Als die Prozession am Strande ankam, knieten alle nieder, und denen, die unterwegs sterben würden, erteilte einer der Priester den vollkommenen Ablaß.

Mit Fug und Recht könnte man jenen Strand, der noch manche ähnliche Szene erleben sollte, den Strand der Tränen nennen. Bald waren es Tränen der Trauer für die Fortreisenden, bald Tränen der Freude für die Heimkehrenden.

Bis zu den Kapverdischen Inseln folgte Vasco da Gama der üblichen Route. Dann, anstatt in Küstennähe zu bleiben und offensichtlich in Kenntnis von Strömungen und Winden, segelten die Karavellen nach Süden ins Unbekannte und stießen in einem riesigen Bogen nach Osten – genau auf die Südspitze Afrikas zu. Eine nautische Meisterleistung – drei Monate ohne Land zu sehen, und in einer Biographie Vasco da Gamas kann man lesen, in den Segelanweisungen der Britischen Admiralität wie auch des Hydrographischen Dienstes der Vereinigten Staaten werde den Seglern seine Route noch heute empfohlen.

Erneut segelten die Karavellen in monatelanger Fahrt die Ostküste Afrikas hinauf, überquerten jetzt den Äquator in nördlicher Richtung und kamen wieder in eine eher vertraute Welt mit arabischen Händlern, Christen, und auch der Polarstern tauchte wieder am Horizont auf. Natürlich gab es hier auch Lotsen für die Fahrt über das Arabische Meer – in drei Wochen trug der Monsun die Schiffe an die indische Malabarküste. Eine Jahrhundertaufgabe, die sich ein kleines Land gestellt hatte, war gelöst worden – es gab einen Seeweg nach Indien.

Nur: mit offenen Armen wurden die Portugiesen hier nicht empfangen. Der Lotse hatte die Handelsstadt Calicut angesteuert, die Schiffe ankerten vor der Küste, und am nächsten Morgen wurde ein erster Abgesandter an Land geschickt, ein begnadigter Sträfling, den man für solche gefährlichen Aufgaben an Bord hatte. In der Stadt wurde er zu zwei arabischen Kaufleuten aus Tunis gebracht. Ihr erster kurzer Wortwechsel ist so überliefert:

„Hol Euch der Teufel! Was hat Euch hierher geführt?"

„Wir sind gekommen, um Gewürze und Christen zu suchen!"

Calicut war eine reiche Stadt, die wichtigste wohl an der Malabarküste. Sie war eines der Zentren für den Seehandel mit Afrika und dem Fernen Osten. Hindus handelten mit dem Landesinneren, der Fernhandel war in arabischer Hand. In dieses seit langem eingespielte Gleichgewicht einer hochzivilisierten Gesellschaft, in eine alte und reiche Kultur tappten die portugiesischen Entdecker wie der sprichwörtliche Elefant in den Porzellanladen. Es war eine wenig teure, fast zynische Tradition, den eingeborenen Häuptlingen bei der ersten Begegnung Geschenke zu überreichen: Tand und Kinderkram. Das versuchte man auch in Calicut. Vasco da Gama präsentierte den Beamten des einheimischen Herrschers, des Samurin Radscha, die mitgebrachten Geschenke:

Zwölf Stück gestreiftes Tuch, vier Scharlachhauben, sechs Hüte, vier Schnüre Korallenperlen, ein Kasten, der sechs Handwaschbecken enthielt, eine Kiste Zucker, zwei Fässer Öl und zwei Fässer Honig.

Die Beamten des Radscha schüttelten sich vor Lachen und weigerten sich, solcherart Geschenke zu überbringen. Es war, als würde man heute einem ausländischen Staatsoberhaupt eine Armbanduhr und eine Krawatte aus dem Warenhaus überreichen. So kam es nur zu fruchtlosen Begegnungen zwischen den Indern und den Portugiesen. Die portugiesischen Waren konnten nicht verkauft werden, schließlich segelte man im Unfrieden zurück an die afrikanische Küste. Nur einige Geiseln hatte man an Bord genommen. Zwei Jahre nach dem Beginn der Reise liefen die Schiffe wieder in die Mündung des Tejo ein.

Der magere kommerzielle und politische Ertrag dieser Expedition hat die Portugiesen auf ihrem Weg zur Weltmacht nicht aufgehalten. Im ersten Jahr des neuen, des sechzehnten Jahrhunderts lief wieder eine Flotte, diesmal unter Pedro Alvares Cabral, nach Indien aus, 13 Schiffe mit 1500 Mann Besatzung. Mit einem regelrechten Waffenarsenal an Bord gelang es den Portugiesen, an der Malabarküste den arabischen Zwischenhandel auszuschalten. Innerhalb weniger Jahre rissen sie das einträgliche Geschäft mit den Gewürzen an sich, die „Gewürzroute" wurde zum portugiesischen Monopol. Eine zweite Fahrt Vasco da Gamas, in die der König 200 000 Dukaten investiert hatte, brachte 800 000 Dukaten Gewinn ein, und bald war Lissabon eine der reichsten und blühendsten Städte Europas. Ja, jetzt endlich schien Gott ganz auf der Seite der Portugiesen zu sein, denn bei der Reise Cabrals nach Indien wurde nach den Kapverdischen Inseln bei einem weit ausholenden Südsüdwest-Kurs die lohnendste Kolonie Portugals entdeckt: Brasilien.

Ein Jahrhundert lang waren die Portugiesen bei der Entdeckung und Eroberung der Erde die Vorhut Europas gewesen. Weniger als ein Jahrhundert lang werden sie unter den großen Weltmächten bleiben, dann beginnt der Niedergang. Beide, Größe und Niedergang, haben in der Seele Portugals ihre unauslöschlichen Spuren hinterlassen.

Das Alter, der Rost und die Verwitterung können der Eleganz und dem Schwung der Linien des Bootes nichts anhaben – und das Rot des Rumpfes leuchtet trotz alledem!

Monotonie und Abwechslung: immer dasselbe Schauspiel, immer dieselbe Faszination – Wellen rollen ans Ufer (Cabo Raso).

Seit jeher waren die Meere das Revier der Berufsfischer; aber längst wollen sich auch die Sportangler ihren Anteil an der Beute sichern (bei Almograve).

Nächste Seite:

Aus dem Formenrepertoire der Natur: Wie ein gewaltiger, schläfriger Wal liegt diese Sandbank vor dem Strand bei Portinho da Arrábida.

Strandlandschaft bei Cacela Velha: Man versteht, warum dieser Teil der Küste Südportugals „Sandalgarve“ genannt wird. Auch vor der Küste laden Nehrungen und Sandbänke zum Baden ein.

Auf die Phönizier führt man die Form dieser Boote mit dem hochgezogenen Vordersteven zurück. Als „Moliceiros“ werden sie in den Lagunen zum Sammeln des Tangs verwendet (bei Furadouro).

Ochsen ziehen die Fischerboote über den Strand: „... wie traurig ist der Anblick dieser armen, sanften Öchslein. Da stapfen sie und neigen die behörnte Stirn ergeben unter das reichverzierte Joch, in dessen Mitte das eine Zeitlang so glorreiche Wappen von Portugal leuchtet“ (Miguel de Unanumo).

Charakteristisch für den westlichen Teil der Algarveküste sind die vorgelagerten Felsen (hier bei Lagos).

Die bizarre Felslandschaft der Praia da Rocha beim gleichnamigen Ort. Schon vor langen Jahrzehnten haben Engländer hier einen der ersten, exklusiven Stützpunkte des Tourismus entstehen lassen.

Wasser und Wind und der Zahn der Zeit haben an der Ponta da Piedade, dem Kap des Erbarmens südlich von Lagos, ihr Werk getan; entstanden ist eine grandiose Naturkulisse, die sich über Stock und Stein, aber auch vom Boot aus erkunden läßt.

Monte Clerigo: Vor ein paar Jahren war sie noch nicht da, diese Ferienhaussiedlung, und jetzt liegt sie noch in Dunst und Morgennebel.

Nur Fels, nur Wasser, nur Einsamkeit – seit Urzeiten hat sich hier wohl nichts geändert – oder?

Nächste Seite:

Zu schwarzen Schemen werden die Felsen im Gegenlicht der untergehenden Sonne, das Wasser aber wird zu einem Meer aus Gold (bei Lagos).

Am Abend, wenn Himmel und Erde und Meer verschmelzen: Blick über den Tejo bei Lissabon zur „outra banda“, dem anderen Ufer.

Nächste Seite:

Wenn es Nacht wird, gehört selbst der Strand bei Sesimbra wieder den Möwen … und den Fischern.

Ein Teufelszeug, diese Netze – nicht nur für die Fische, die sich in ihnen verfangen, auch für die Fischer, die sie wieder herrichten müssen.

Friedvolle Ruhe über der Lagune und Augenblicke der Einkehr: Auf solchen Booten fuhren die alten Ägypter in das Totenreich, und ob auch der Nachen des Fährmanns Charon, mit dem er die toten Seelen über den Styx brachte, so ausgesehen hat? Ach, Melancholie! (bei Ovar)

Unterwegs zwischen Porto und Tomar – Herbstreise ohne Programm

Andere Länder sind einfacher: Italien oder Dänemark oder Schottland. Da weiß man, wo man dran ist, das Bild im Kopf und die Wirklichkeit stimmen einigermaßen überein. Auch die Reisenden, die Touristen und die Garde der spezialisierten Schriftsteller sind sich einig. Aber Portugal? Da fährt man in ein relativ kleines Land, schaut man sich aufmerksam um, versucht so viel wie möglich zu erfahren und hat am Ende den Eindruck, noch immer im Dunkeln zu tappen. Und dann beginnt man – wer ist heute nicht ein Feierabendpsychologe? – diesen Eindruck zu analysieren: Liegt es an den Landschaften? Liegt es an der Allgegenwärtigkeit des Meeres? An der Architektur? Oder liegt es nicht schließlich doch an den Menschen, den Portugiesinnen und Portugiesen, die manchmal auf uns wirken, als würden sie nicht nur in einem anderen Land, sondern in einem anderen Weltteil leben – um nicht zu sagen: auf einem anderen Planeten? Aber das ist natürlich Spintisiererei, der Versuch, einem ganz vagen Gefühl nachzugehen. Die Alltagsportugiesen, der Taxifahrer, die dunkle Schönheit an der Hotelrezeption, die junge Frau an der Kasse des Museu Nacional de Arte Antiga in Lissabon, die nebenbei einen dicken Roman von Viktoria Holt liest, auf Portugiesisch, der Weinbauer, der in seinen Reben ein Mäuerchen ausbessert: sie alle sind Leute wie unsereiner. Nur in der Summe, in der Erinnerung, wenn man alle Begegnungen, alle Gesichter, alle Gespräche Revue passieren läßt, bleibt ein Anderssein – keine Mauer, aber doch eine Distanz, wenn auch eine freundlich-verbindliche.
Und natürlich schauen die Portugiesen selbst in den Spiegel: Wer sind wir? Wohin gehören wir? Was ist Portugal?

Ach Portugal, wärst du nur drei Silben,
schöner Blick aufs Meer,
Minho grün, Algarve aus Kalk,
ein Esel, der die Wirbelsäule der Erde schabt,
taub und mickrig,
Mühle im Handgemenge mit einem dickköpfigen Wind,
aber gepolstert und schließlich freundlich,
wärst du nur das Salz, die Sonne, der Süden,
der durchtriebene Sperling,
das zahme redselige Rind,
die zischende Sardine,
die lahme Fischfrau,
der mit rühmlichen Eigenschaftswörtern beklebte Schreiberling,
die stumme mandelförmige Beschwerde
eines blinzelnden Augenpaars,
wärst du nur die Zikade des Hochsommers, der Stille,
der eingerostete asthmatische Hund der Strände,
die im Käfig eingesperrte Grille, die Kippe an der Lippe,
der Kalender an der Wand, das Abzeichen am Rockaufschlag,
ach Portugal, wärst du nur drei Silben
aus Plastik, das wäre billiger! … (Übersetzung: Curt Meyer-Clason)

Verse des portugiesischen Dichters Alexandre O'Neill, geboren und gestorben in Lissabon. Man fragt sich: ist dies ein realistisches Gedicht, weil es in der realen Alltagswelt bleibt, oder ist es ein surrealistisches Gedicht, das reale Dinge zu einer surrealen Welt durcheinanderwirbelt? Alexandre O'Neill selbst war in beiden Welten zu Hause: er war Werbefachmann, aber auch Mitbegründer der „Surrealisten von Lissabon". Doch wenn man mehr als *ein* modernes portugiesisches Gedicht liest, merkt man bald, daß viele von ihnen zwischen dem Realen und dem Irrealen, dem Virtuellen, wie man heute sagen würde, angesiedelt sind. Überall stößt man auf Möglichkeitsformen: „Wenn ich ...", „Könnte ich ...", „Wäre ich ..." – als ob die Dichter nicht eigentlich im Hier und Heute zu Hause wären. Und vielleicht sind sie das auch nicht, vielleicht gehört auch dieser Zug der portugiesischen Poesie zum Geist oder zur Seele Portugals.

Wer freilich nach Portugal kommt, nur mit Lyrikbändchen und einem Sammelsurium von Definitionen der „saudade" im Gepäck, der wird schnell eines Besseren belehrt und schnell in die portugiesische Wirklichkeit gestoßen. Nur mit absolutem Grauen erinnere ich mich an meine erste Umkreisung der Praça Marquês de Pombal in Lissabon. Fernão de Magalhães kann in den dramatischsten Momenten der ersten Weltumseglung nicht in größerer Panik gewesen sein als ich in meinem kleinen Mietauto bei dem Versuch, heil um die hohe Säule mit dem Standbild des Marquis herumzukommen. Keine Rede mehr von Distanz, von „saudade", hier geht es hart auf hart, Stoßstange gegen Stoßstange, wenn man nicht mitmacht, ist man verloren, bringt man vermutlich das ganze System, wenn es denn eines ist, zum Kollaps. Von einer der großen Hauptachsen waren wir auf die Rotunda gespült worden, und auf einer, freilich noch immer vielspurigen Nebenstraße sollten wir sie wieder verlassen. Denkste! Zwei, drei Mal wurden wir herumgewirbelt, bevor wir ein Schlupfloch gefunden hatten, um aus dem ewigen Karussell wieder herauszukommen. Mein automobiles Selbstbewußtsein war erst wieder hergestellt, als ich am nächsten Tag zwei Taxifahrer (plus Policia) sah, die sich auf der Rotunde beim eher dürftigen Vormittagsverkehr in die Haare, sprich: in die Stoßstangen geraten waren.

Und ein zweites, an Dantes Höllenvisionen gemahnendes Bild verfolgt uns: wir stehen in Porto auf einer Fußgängerbrücke über einer breiten Schnellstraße. So wie man früher von Brücken aus dem fließenden Wasser nachsah, so schauen wir gedankenlos dem fließenden Verkehr zu. Permanente rush-hour. Und Feierabend dazu. Dann hält unten ein Bus, ungefähr neben dem Schild „paragem", zehn, fünfzehn Leute steigen aus und stürzen sich Hals über Kopf, ohne rechts oder links zu schauen, auf die Fahrbahn, schießen wie gehetztes Wild zwischen den Autos hindurch und kommen sicher auf die andere Seite. An diesem Abend wenigstens. Wir aber haben in Porto den Rat um ihre Leser besorgter Reiseführer befolgt und das Auto auf dem Hotelparkplatz gelassen. Auch Taxifahrten können zum Erlebnis werden. Das Verhältnis der Portugiesen zum Autofahren indes gehört sicher in eine Psychologie oder Psychopathologie des Landes; vielleicht ist es eine kollektive Erinnerung an die großen Zeiten, als portugiesische Karavellen auf den Weltmeeren mit Sturm und Wogen und mit feindlichen Flotten kämpften: so stürzt sich heute noch der Portugiese hinaus in den täglichen Kampf auf der Straße. Und selbst die Möwen lassen sich täuschen: vom Hotelzimmer aus können wir beobachten, wie sie in großen Schwärmen über den morgendlichen und den abendlichen Staus kreisen.

Porto: die heimliche Hauptstadt des Landes – aber kein Mekka für touristische Snobs

Porto, das nebenbei gesagt, ist solche Kritik gewöhnt und schert sich nicht darum. Es hat seit langem in der landeskundlichen Literatur und bei den Reiseautoren einen wenig guten und ziemlich ramponierten Ruf. Porto sei häßlich, lesen wir, von der Dürftigkeit seiner Stadtgestalt ist die Rede, vom ewigen Nebel, der hier herrsche. Die Stadt sei ohne Eleganz, meint ein anderer, sie sei nur nüchtern, fährt ein dritter fort, eine Arbeitsmetropole eben, wie der nächste meint, vom Schmutz in der Altstadt gar nicht zu reden. Und was die Leute aus Porto angeht: die seien „tripeiros", Kuttler oder Kuttelesser. In ein günstigeres Licht geraten die tripeiros durch die historische Anekdote, die erzählt, wie sie zu ihrem Namen gekommen sind: alles Fleisch, alle Vorräte hatten sie einst dem Infanten Henrique und seinen Truppen für den frommen Feldzug nach Ceuta ausgeliefert, so daß ihnen selbst nur die Kutteln geblieben sind. Seither also gäbe es das Eintopfgericht „Tripas à moda do Porto": Kutteln vom Rind, Kalbshaxe, Hühnerfleisch, Schweinswurst, weiße Bohnen, Zwiebeln und Knoblauch. Wohl bekomm's!

Wer aber denkt an Essen, wenn er zum ersten Mal auf der Terrasse der Klosterkirche Nossa Senhora do Pilar jenseits des Douro steht und den klassischen Blick nach Porto hinüber im Sucher hat: die zwei blockigen Türme mit den lächerlichen kleinen Kuppeln darauf – das muß die Kathedrale sein. Davor, die hohe weiße Fassade – das ist also der Palast des Erzbischofs und dahinter, gerade ein paar hundert Meter Luftlinie, die „Torre dos Clérigos", der Turm der Kleriker-Kirche. Direkt vor uns aber das eiserne Monstrum der jetzt schon über ein Jahrhundert alten Brücke Ponte Dom Luis I., der man ansieht, daß sie von einem Mitarbeiter Gustave Eiffels erbaut wurde. Eiffel selbst hat die etwas flußaufwärts gelegene Eisenbahnbrücke Ponte de Maria Pia konstruiert, und damit auch sie im Chor der Porto-Kritiker nicht ungeschoren davonkommt, sei der Schriftsteller Gerhard Nebel zitiert. Er ist in den sechziger Jahren vom Süden her mit der Eisenbahn nach Porto gekommen:

Plötzlich waren wir hoch über einem breiten Fluß auf einer schwankenden Brücke, von der man mir später erzählte, daß sie nicht genietet sei, sondern nur durch Schrauben zusammengehalten werde, die in kurzen Abständen angezogen werden müßten. Ich hatte bei der vorsichtigen, wie blind tastenden Bewegung des Zuges das Gefühl, gerade noch an einer Katastrophe vorbeizukommen, und hörte dann in Porto, daß ich mich nicht als einziger bedroht gefühlt hatte. Es gibt Einheimische, denen die Brücken-Unsicherheit so unangenehm ist, daß sie, wenn sie sich nach Lissabon begeben müssen, mit dem Auto zur ersten Station südlich des Douro fahren.

Das nenn' ich mir einen sensiblen Autor! Seit 1877 werden die Schrauben ständig nachgezogen, und noch nie ist etwas passiert – dennoch stellt sich ein Gefühl der Katastrophe ein. Wir aber haben von jener Terrasse aus noch den Portweinfabrikanten, die sich unten am Fluß drängen, in die Schornsteine geschaut und sind dann ganz ohne Weltuntergangsängste nach Porto hinübergewandert, auf der oberen Fahrbahn der Dom Luis Brücke, so daß man auf der anderen Seite des Douro gleich in der Beletage ist, zumindest, was die Höhe angeht. Die nobleren Viertel liegen noch weiter nördlich, hier steht man vorerst auf dem gewaltigen Granitfelsen, um den herum das alte Porto entstanden ist. Ganz oben die Kathedrale, die einmal eine solide Wehrkirche gewesen ist, ein Gottesbunker aus Granit. Erbaut wurde die Sé, die Kathedrale (vom lateinischen „sedes", dem „Sitz" des Bischofs oder Erzbischofs), im 12. Jahrhundert, aber spätere Jahrhunderte haben ausgiebig zerstört und restauriert und barockisiert und angebaut und umgebaut. Was bleibt in unserer Erinnerung? Ein düsterer, toter Raum und 800 Kilogramm Silber, die für einen Altar, den Retablo do Sacramento, verarbeitet wurden. Und dann natürlich noch der Kreuzgang, Gotik des vierzehnten Jahrhunderts – wenn auch in der Azulejo-Manie des achtzehnten Jahrhunderts die Wände mit den blauen Fliesen verziert wurden. Wir haben lange versucht, die Szenen in die Bibel oder zumindest in die Legenda aurea einzuordnen. Vergeblich: wer käme schließlich drauf, daß man einen Kreuzgang auch mit Szenen aus den höchst weltlichen und heidnischen „Metamorphosen" des Ovid schmücken kann! Zugegeben, ein paar Bilder aus dem Hohenlied Salomons sind dabei.
In Erinnerung bleibt auch der Blick vom Felsplateau der Kathedrale hinab in die schluchtartigen Gassen der Altstadt, Moder und Zerfall, der Fels wie eine Müllkippe, Kinder, Hühner und ein paar Nachbarn, die sich unendlich viel Aufregendes zu erzählen haben. Vor einer Stunde standen sie auch schon hier.
Dann suchen wir uns durch zur kleinen Klosterkirche Santa Clara, gerühmt wegen ihres „talha dourada"-Interieurs, der vergoldeten Schnitzarbeiten. Wir finden den kleinen Largo Primeiro de Dezembro (1. Dezember 1640: Unabhängigkeit von Spanien), wir finden die Polizeiwache und den Durchgang zu dem schmalen Hof, an dem sich die Kirche versteckt.

Wenn im „Jesús" von Aveiro das Gefunkel strahlend ist, so ist es in Santa Clara betäubend. Süddeutschland hat uns an Barockisierungen gewöhnt, aber keine Verbindung von Stuck und Fresken ruft dort eine solch vollkommene Umwandlung hervor, wie hier die „talha dourada". Die gotischen Gewölbe sind mit Holz überzogen, die Rippen mit Blümchen und Laubwerk aus Gold nachgestickt, die Stichkappen mit Goldapplikationen besät, die Schlußsteine in dicke Goldagraffen verwandelt. Wände, Triumphbogen, Altäre verschwinden unter einem Goldmantel, von tausend Reliefs beladen, von metallischen Reflexen erhellt. Es gibt keine Linie mehr, sie verliert sich unter Baldachinen, Bogenbehängen, Rankenwerk, Girlanden, während unter einem welligen Sims Schranken aus schwarzem Holz wie Muscharabien (ornamentierte Fenstergitter) sich über verschwiegener Tiefe zu schließen scheinen und der Nonnenchor über dem Eingang hinter seinem riesigen Lattenwerk Goldschein zurückwirft, in undurchdringliches Mysterium getaucht.
(Paul Dony)

„Wegen Restauration geschlossen!" – da stehen wir und sehen nur einen ganz und gar nichtssagenden Hof. Aber restauriert wird in der Tat und mit großer Energie: der Hof liegt voll Bauschutt, die halbe Kirche müssen sie ausgeweidet haben, und da liegen auch Bretter und Latten, die aus der Kirche herausgerissen sind, bemaltes Holz, nicht siebzehntes Jahrhundert, aber neunzehntes, ein kleiner Scheiterhaufen. „Nun ja", trösten wir uns, „bald wird Santa Clara in noch betäubenderem Gefunkel strahlen."
Und dann besichtigen wir eine Kathedrale der Neuzeit, den Bahnhof São Bento. Vor dem Eingang haben zwei Frauen ihre Stände aufgebaut. Sie haben nur zwei Artikel anzubieten, aber von jedem ungeheuere Mengen: Damenstrümpfe und Damenschlüpfer. Das altertümliche, aus der Mode gekommene Wort ist passend, weil diese Wäschestücke genauso aus der Mode gekommen sind. Es müssen Restbestände der fünfziger Jahre sein, oder, wer weiß, der dreißiger. Zu wahren Bergen häuft sich der angestaubte und verschossene Stoff, und nicht einmal die älteren Herren, die hier vor der Bahnhofshalle herumtrödeln, haben einen neugierigen Blick dafür.
Wirklich aus den dreißiger Jahren aber stammen die Azulejos in der Bahnhofshalle. Zu riesigen Bildern sind sie zusammengesetzt – Rembrandts „Nachtwache" ist nichts dagegen – und erzählen Geschichten aus dem portugiesischen Alltag oder aus der Geschichte des Landes: Johann I. kommt nach Porto, Johann I. erobert Ceuta und ähnlich Erhebendes. Aber auch hier lassen sich die Leute, die auf ihren Zug warten, von der phantastischen Bilderpracht nicht anziehen. Gegen die Bahnhofs-Tristesse kommen die schönen blauen Azulejos nicht an.
Auch den Rossio-Bahnhof in Lissabon hat der Künstler Jorge Colaço mit seinen Azulejo-Wänden verziert, desgleichen das Palace Hotel Buçaco, ebenfalls mit einer Eroberung von Ceuta. Und da in Porto die Fassade der direkt neben dem Bahnhof São Bento gelegenen Kirche der Congredados noch ganz ohne Azulejos war, arbeitete Colaço weiter und hat auch hier seine Spuren an einem der ersten Barockbauten Portugals hinterlassen – wenn man so will eine späte, moderne Rache für die Barockisierung so mancher romanischen oder gotischen Kirche. Volksfrömmigkeit schlägt sich mit solchen Überlegungen jedoch nicht herum, sondern beschaut mit echter Rührung den Jesus aus Wachs, den man in der Kirche hinter einer großen Glasscheibe sehen kann. Mit Bettlaken und Kopfkis-

sen liegt er da – fast möchte man denken, wenn es nicht zu despektierlich wäre, wie in einer Familienpension – und gegen den Großstadtstaub ist eine große transparente Plastikfolie über die kühlbleiche Szene gebreitet.

Kirchen, Kirchhöfe, Klöster – vom portugiesischen Umgang mit dem Leben und dem Tod

Wo eigentlich findet man in all diesen düsteren Kirchen mit ihrem so unpersönlichen Goldzierat die „frohe Botschaft" des Christentums, denn das bedeutet „Evangelium" doch? Über einem Gedicht von Fernando Pessoa sind wir auf diese Frage gekommen:

An einem Mittag des schwindenden Frühjahrs
hatte ich einen Traum so deutlich wie eine Photographie.
Ich sah Jesus Christus zur Erde niedersteigen.
Er kam den Hang eines Berges herunter,
wieder zum Kind geworden,
lief und rollte durchs Gras
und riß Blumen aus, um sie fortzuwerfen,
und lachte, daß man es schon von weitem hörte.

Er war aus dem Himmel geflüchtet.
Er war zu sehr unser, um sich
als zweite Person der Dreifaltigkeit auszugeben.
Im Himmel war alles falsch, stand alles in Mißklang
zu Blumen und Bäumen und Steinen.
Im Himmel war er gezwungen, immer ernsthaft zu bleiben,
und immer aufs Neue wurde er Mensch
und kam ans Kreuz und starb
mit einer Dornenkrone
und nägeldurchbohrten Füßen
und einem Tuch um die Hüften
wie die Wilden in Bilderbüchern.
(Übersetzung: Georg Rudolf Lind)

So erzählt Pessoa die Geschichte eines anderen Jesus, eines heiteren und ewigen Kindes – fast fühlt man sich in die leichte Götterwelt der Antike versetzt. Aber Pessoa hat für die Schublade geschrieben. Sein spielender, spielerischer Jesus ist dichterische Fiktion; die Stimmung und die Bilder in den portugiesischen Kirchen gemahnen eher an den leidenden, den toten Christus. Mehr noch: in den katholischen Ländern des europäischen Südens wird einem klar, wie wenig das Leben, wie sehr das Sterben, der Tod und das Tot-Sein im Mittelpunkt des Denkens und Fühlens stehen. Wir haben in Lissabon, in der Alfama, der Altstadt, gesehen, wie ein Sarg aus einem Haus hinausgetragen wurde: kein schneller, eher unauffälliger Transport wie hierzulande, nein, eine ergreifende, anrührende Szene, Tränen, lautes Schluchzen, für lange Minuten gehört die Straße dem Toten.

Die Friedhöfe gehören ihnen allezeit. Wie Einfamilienhäuschen drängen sich dort die Begräbnisstätten, mit Ziegeldächern, Fenstern an der Rückseite und prächtig verzierten Fassaden im jeweiligen Stil der Epoche: Fin-de-siècle, Neue Sachlichkeit, Postmoderne. Manche Familiengruft gibt keinen Blick nach innen frei, manche aber ist offen für das andächtige oder neugierige Auge. Familiengeschichten kann man so rekonstruieren, denn neben jedem Sarg, der da in seinem Fach steht, ist eine Photographie aufgestellt, kann man die Namen und Lebensdaten der Verstorbenen lesen.

Irgendwo zwischen Aveiro und Coimbra hatten wir angehalten und waren auf einen Friedhof gegangen. Zweiundzwanzig Särge haben wir hinter einem schmiedeeisernen Gitter gezählt. Wieviele Generationen mögen da beieinander ruhen? Und da war dort ein anderes Familienbegräbnis, das alle übrigen fast aus unserer Erinnerung verdrängt hat. Auch hier standen die Särge, auch hier standen die Email-Photographien, aber die Gruft war in ein Gewächs- und Treibhaus verwandelt. Grünpflanzen überall, ein zartes, durchsichtiges Grün, das den Raum in eine exotische Urwaldlandschaft verwandelte, vom Boden bis zur Decke nur kletterndes Rankenwerk. Als Tribut an unsere Zeit aber stand eine Dose mit Insektenspray neben der Tür.

Doch seinen makabren Paroxysmus erreicht der Totenkult in Évora. Ein paar hundert Meter von der lichtvollen Klarheit des römischen Diana-Tempels entfernt kann man, falls einem der Sinn danach steht, in der Kirche des Heiligen Franziskus die Capela dos Ossos besichtigen. Das Schiff der Igreja Real de São Francisco ist mit seinen unverputzten Wänden ein vielgerühmtes Meisterwerk der Spätgotik Portugals. Über das Querschiff kommt man in ein architektonisches Unwesen, in eine Kapelle, deren Wände, deren Pfeiler ganz und gar aus menschlichen Knochen aufgemauert sind.

Als Memento mori haben sich die Franziskaner das ausgedacht, und so findet man über dem Türsturz denn auch schnell die Devise „Nós, ossos que aqui estamos – pelos vossos esperamos." – „Wir, die hier gesammelten Knochen, warten auf die Euren." Aber es ist ja kein Platz mehr da für die unsern! Zu Tausenden sind sie schon übereinander gestapelt, Schenkelknochen, Schienbeine, Ellen und Speichen, Schädel und Schädeldächer, und selbst die Gewölberippen sind aus Schädeln zusammengesetzt. Um ein übriges zu tun, hat man an einer der Wände noch eine Mumie aufgehängt, ein klappriges Menetekel.

Grauen über Grauen? Nein: Die Inszenierung des tausendfachen Todes kippt um ins Groteske. Die Knochenarchitektur wird zur manieristischen Spielerei, zum ungefährlichen Gruselkabinett, nicht eindrucksvoller und ergreifender als die Geisterbahn auf dem Jahrmarkt. Ein portugiesischer Papa, der gleichzeitig mit uns die Capela dos ossos besichtigt, führt seinen Kindern denn auch mit großer Gestik und Struwwelpeter-Mimik vor, wie solche Knochen bei den Menschenfressern abgenagt werden.

Schnell nach draußen! Es ist, als ob die morbid-makabre Intention der Kapelle einem den Atem nimmt: nicht Grauen erzeugt sie, sondern Unbehagen.

Zwischen Flohmarkt und Alfama – ein Mausoleum für die Familie Braganza

Eine letzte Begegnung mit dem „Tod von Portugal" haben wir noch gesucht – in der Grablege des Hauses Braganza, das Portugal vom Jahre 1640 bis zum Ende der Monarchie 1910 beherrschte. Wir waren unterwegs zum populärsten Flohmarkt Lissabons, zur Feira da Ladra, waren durch die Alfama geschlendert und hatten auf dem Flohmarkt ganze zwei oder drei Mark ausgegeben – für einen Aschenbecher, der einmal in einem Hotelzimmer gestanden hatte und eine winzige Waagschale aus Messing. Und dann hatten wir natürlich die Kirche São Vicente de Fora besichtigen müssen – man kommt an ihr nicht vorbei, wenn man wieder in die Innenstadt will.
Igreja de São Vicente de Fora: eine romanische Kirche aus den ersten Jahren nach der Vertreibung der Mauren (1147) hatte man im 16. Jahrhundert abreißen lassen und durch einen Neubau im Renaissance-Stil ersetzt. Ein dazu gehöriger Kreuzgang wurde im 18. Jahrhundert mit Azulejos ausgestattet, die Fabeln Lafontaines darstellen. Das ehemalige Refektorium aber, der Speiseraum der Mönche, wurde zum Mausoleum des Hauses Braganza, zum Panteão Real.
1931 hat der Schriftsteller Reinhold Schneider sein „Reisetagebuch" aus Portugal veröffentlicht. Drei Jahre zuvor hatte er das Land besucht, das damals für einen Mitteleuropäer noch weit außerhalb der touristischen Reichweite lag und den großen Sprung in die Gegenwart noch nicht getan hatte. Reinhold Schneider beschreibt also ein anderes Portugal als das heutige, oder, besser gesagt: er beschreibt ein Portugal, das wir hinter der heutigen Kulisse des Landes noch spüren, noch durchscheinen sehen.
Uns hat sein „Reisetagebuch" in die Kirche São Vicente gebracht. Schneider hat ihr ein ganzes Kapitel gewidmet, spürt im „Pantheon" der Braganza der Seele Portugals nach. Zuerst steht er vor dem Sarkophag Johanns IV., des Gründers der Dynastie:

João IV. ist der einzige, dessen Gebeine das noch glückliche Los traf, vom Stein umschlossen, in Kühle gebettet zu sein, allein und würdig in einem schön geformten Sarkophag in einer Nische zu ruhen. Alle anderen aber, auf die der Glanz seines unbedeutenden Namens überging, behandelte man auf eine unmenschliche Art. Starben die Braganza so schnell, daß man keine Zeit mehr fand, ihnen einen Stein zu setzen; waren sie, nicht als Fürsten, auch als menschlicher Staub so gering, daß man sie eines Grabes nicht wert hielt? Oder projektierte man so lang die Gräber, bis das Geschlecht vertrieben wurde und sein Grab verlor?
Den Wänden der Halle folgt ein Postament von etwa einem Meter Höhe, und auf diesem stehen in der Richtung des Gewölbes mit der langen Seite gegen den Vorübergehenden nicht etwa Särge, sondern Koffer aus Holz und Metall; sie sind hoch und schmal, manche erschreckend lang, andere geheimnisvoll kurz, und stehen so eng gedrängt, daß nicht ein Finger sich zwischen sie schieben könnte. Über einigen hängen Decken aus dunklem Samt, auf die goldene Kreuze genäht sind, andere sind nackt und kahl, an jedem aber ist ein Schild befestigt wie ein Etikett, auf dem in nüchternem Druck die prunkvollen Namen stehen …

Und dann gibt es da noch eine kleine Treppe und einen Steg und ein Messinggeländer, und von oben kann man durch Fensterscheiben in die Särge hineinschauen: hier ein Schädel, dort ein Schnurrbart, hier eine Uniform, dort ein Ordensband. Mit João IV. beginnt die Reihe der Braganza-Könige. Am Ende liegen Carlos I., der 1908 zusammen mit dem Thronfolger Luís Filipe auf der Praça do Comércio einem Attentat zum Opfer fiel, und Manuel II., der letzte König Portugals, der im englischen Exil gestorben ist und dessen sterbliche Reste hierher in das Familienbegräbnis überführt wurden. Platz fand auch ein entfernter Verwandter, der rumänische König Carol – er seinerseits war im portugiesischen Exil gestorben. Ältere Besucher, die seinen Namen lesen, werden dabei unweigerlich an Madame Lupescu denken, mit der ihn eine lange, von der Öffentlichkeit mit großem Interesse verfolgte Liaison verbunden hatte. Auch sie ruht jetzt hier an seiner Seite.
Wir aber haben die Inszenierung des Todes, so wie sie Reinhold Schneider erlebt und beschrieben hat, nicht mehr gefunden. Noch unter Salazar wurden die Holzsärge in nüchtern-schmucklose Steinsärge gestellt und diese wurden verschlossen. Kein makabres Spektakel mehr, nur noch kühle Grabesruhe.
Die Braganza waren die dritte und letzte der portugiesischen Dynastien. Zuerst hatten die Könige aus dem Haus Burgund regiert, ihm folgte das Haus Avis, und nach dem historischen Zwischenspiel der spanischen Herrschaft von 1580 bis 1640 kamen die Braganza auf den Thron. Zur Grablege der Dynastie Avis wurde das Kloster Batalha, mit dem Haus Burgund aber ist untrennbar das Kloster Alcobaça verbunden. Auch hier steht der Tod im Mittelpunkt, aber er ist in ein Kunstwerk verwandelt und ruft die Erinnerung wach an eine ganz große Liebe – an die portugiesische Liebesgeschichte par excellence: die Liebe zwischen Dom Pedro und der schönen Inês de Castro. Er der Sohn des Königs, sie die Hofdame der ihm offiziell angetrauten Gemahlin. Hier in Alcobaça stehen wir vor dem Ende der Geschichte – vor dem Ende einer Tragödie.
Begonnen hatte sie im Jahre 1340, als der portugiesische Thronfolger Dom Pedro mit der von ihrem ersten Gemahl, dem König von Kastilien verstoßenen Constança getraut wurde. Er verliebte sich nämlich in Inês de Castro, eine blonde galizische Schönheit. König Afonso verbannte sie vom Hof und Inês mußte nach Kastilien zurückkehren. Aber dann starb Constança im Kindbett und Dom Pedro ließ Inês zurückkehren; er lebte mit ihr zusammen, und sie hatten vier Kinder.

Zur Liebe kam die Politik: würden diese Bastarde nicht einmal die Rechte des legitimen Thronfolgers in Gefahr bringen? Dom Pedro hatte die Brüder seiner Geliebten ins Land geholt. So fürchtete der einheimische Adel um seinen Einfluß und seine Machtstellung. Und stand hinter dem Clan Constanças nicht überhaupt die Gefahr, daß Kastilien die schwer errungene Unabhängigkeit Portugals antasten würde?
So nahm das Unglück seinen Lauf. Afonso ließ durch seinen Kronrat Inês eines vagen „verbrecherischen Verhaltens" anklagen und zum Tode verurteilen. Der König nutzte eine Abwesenheit seines Sohnes, um Inês selbst das Urteil vorzulesen, dann soll er sich zurückgezogen haben. Seine Begleiter vollstreckten den Richterspruch, indem sie Inês erdolchten.
Militärisches Zwischenspiel: Dom Pedro erhob sich gegen seinen Vater, aber aus Gründen der Staatsraison muß es wohl zu einer Art Versöhnung gekommen sein. Als Afonso starb, folgte ihm Pedro auf den Thron und ließ zwei der an dem Mord Beteiligten auf grausamste Weise töten. Dann inszenierte er ein Schauspiel, wie es wohl nur im Mittelalter möglich gewesen ist:
Vor den Großen des Landes verkündet Pedro feierlich, er und Inês seien heimlich getraut worden. Der Bischof von Guarda, der diese Trauung vollzogen hatte, bekräftigte dies mit seinem Eid. Nun sollte die Tote zur rechtmäßigen Königin gekrönt werden. Ihr Leichnam, der im Kloster Santa Clara von Coimbra geruht hatte, wurde angekleidet und für die Krönung geschmückt. Diese fand in der Kathedrale von Coimbra statt: Pedro auf dem Thron, neben ihm seine tote Gattin, der die Anwesenden huldigen müssen. Ihr die Hand zu küssen und den Saum des Mantels, hat Pedro verlangt. Dann wird Inês zum zweiten Mal zu Grabe getragen, aber nicht mehr im Kloster Santa Clara, sondern in der Klosterkirche von Alcobaça, dem größten Kirchenraum Portugals.

Alcobaça – das Ende einer Tragödie und das lange Warten auf den Jüngsten Tag

Die barocke Fassade der königlichen Abteikirche Santa Maria von Alcobaça prunkt mit zwei niedrigen, aber massigen Türmen, mit allerlei Heiligenfiguren und läßt nichts ahnen von der zisterziensischen Klarheit des Innern (die freilich erst bei einer Restauration um 1930 wiederhergestellt wurde). Vor der Schlacht um Santarém (1147) hatte Portugals erster König Afonso Henriques das Gelübde getan, im Falle eines Sieges über die Mauren den Mönchen des französischen Reformklosters Citeaux Land für den Bau und den Unterhalt eines Klosters zu schenken. So entstand Alcobaça und wurde schnell ein geistig-religiöses, aber auch ein wirtschaftliches Zentrum. 1178 hatte man mit dem Bau der Klosterkirche begonnen. Sie wurde zu einem der reinsten Beispiele zisterziensischer Architektur, und man hat sie als eine der „schönsten Zisterzienserkirchen Europas überhaupt" bezeichnet (Michael Studemund-Halévy). In der Tat, es ist ein überraschendes, ungewöhnliches Raumerlebnis, wenn man nach all dem barocken Überschwang portugiesischer Kirchen in das hohe, ganz schmucklose Schiff tritt. Es atmet den Geist strenger Frömmigkeit und kühler Askese. Hier, in den beiden Armen des Querhauses, haben Pedro und Inês ihre letzte Ruhe gefunden.
In einer langen nächtlichen Prozession hatte Pedro den Leichnam der toten Inês nach Alcobaça bringen lassen, unendliche Reihen von Fackelträgern hatten den Weg gesäumt. Im Kloster Alcobaça wartete ein prunkvoller Sarkophag auf die Tote, ein Gegenstück für sich selbst hatte Pedro in Auftrag gegeben. Nicht nebeneinander, sondern einander gegenüber sollten sie aufgestellt werden. So werden sich Pedro und Inês bei der Wiederauferstehung am Tage des Jüngsten Gerichts gleich in das geliebte Antlitz blicken können …
Unbewegt ruhen sie bis dahin auf den hohen Steinsarkophagen. Sechs Engel halten das Abbild der Inês, getragen wird der tonnenschwere Steinblock von tierartigen Zwitterwesen mit menschlichen Gesichtern. An einer der Schmalseiten des Sarkophags, am Fußende, ist das Jüngste Gericht dargestellt. Auch dieses Bild mit dem schauerlichen Höllenrachen wird König Pedro, den man den „Grausamen" genannt hat, bei der Auferstehung ins Auge fallen. Aber bis dahin wird noch viel Wasser die beiden Flüsse Alcoa und Baça hinabfließen.
Einen Wasserlauf haben die Mönche Alcobaças im übrigen umgeleitet und durch ihre Küche fließen lassen. Noch heute staunt man darüber bei der obligatorischen Klosterbesichtigung, die sich an die schöne Ergriffenheit vor den Monumenten einer steingewordenen Liebe anschließt. So ging es schon vor zwei Jahrhunderten dem englischen Millionär und Schriftsteller William Beckford, dessen „Excursions to the Monasteries of Alcobaça und Batalha" 1835 veröffentlicht wurden:

Ich muß gestehen, daß ich niemals vorher in einem Kloster, weder in Frankreich, Italien und Deutschland, einen solchen riesigen Raum gesehen habe, der allein für das leibliche Wohl sorgen sollte. Es ist der außergewöhnlichste Freßtempel in Europa. Durch das riesige Gebäude läuft ein langer Kanal mit dem klarsten Wasser, der sich in einem gewaltigen Tank verbreitert, dessen durchlöcherte Holzbehälter die allerschönsten Flußfische enthielten.
Beim Bankett wurden nicht nur die allerfeinsten Leckerbissen gereicht, von den bekanntesten bis zu den vorzüglichsten, sondern auch die seltensten und delikatesten Speisen. Seltene Würste, geräucherte Neunaugen, köstlichste Speisen aus Brasilien und aus Asien – Schwalbennester, Haifischflossen, die von einer chinesischen Schwester nach der neuesten Mode von Macao zubereitet wurden.

Nach den englischen Reisenden – die also auch Portugal entdeckt haben – kamen die Soldaten Napoleons. Sie verbrannten das Chorgestühl, plünderten den Kirchen-

schatz und verstümmelten die Grabmale Pedros und der schönen Inês de Castro.
Von Alcobaça nach Batalha sind es auf der Michelin-Karte gerade zwanzig Kilometer. In der Geschichte sind es rund zweihundertfünfzig Jahre. Verdankt Alcobaça seine Entstehung dem königlichen Gelübde für einen Sieg über die Mauren, so Batalha dem königlichen Gelübde für einen Sieg über die Spanier.
„Batalha" heißt „Schlacht", und da es in diesem Kampf um die Unabhängigkeit Portugals von Spanien ging, ist das Kloster Santa Maria da Vitória, das in Erfüllung des Gelübdes gebaut wurde, fast so etwas wie ein portugiesisches Nationaldenkmal. Im ehemaligen Kapitelsaal wurde nach dem Ersten Weltkrieg das Grabmal für den Unbekannten Soldaten geschaffen.
Man ist ein bißchen verwirrt, wenn man sich dem Kloster nähert, begreift nicht sofort die Anlage. Es fehlt ein Turm, an dem man sich orientieren könnte, es fehlen auch die Doppeltürme einer Fassade, aber natürlich ist alles ganz einfach, wenn man den Bau einmal umrundet hat, wenn man vor dem Portal steht und die Kirche betritt. Sie ist das Herz des Klosters, ein langer, hoher, ungewöhnlich schmaler Raum, schmucklos wie Alcobaça, ein kühles Meisterwerk der Spätgotik.
Es ist wie ein Schritt in eine andere Zeit, in eine andere Welt, wenn man die zwei Stufen aus der Kirche in den Königlichen Kreuzgang hinuntersteigt: nach strenger Gotik urplötzlich ein fast orientalisch anmutender Formenrausch. Aber auch dieser Kreuzgang war einmal im Geist nördlicher, „normannischer" Gotik angelegt, wurde dann, hundert Jahre später, verwandelt: in die weiten Spitzbögen der Arkaden wurden reichverzierte Säulen gesetzt, darüber rankt sich Maßwerk zu filigranen Steinvorhängen. Den Hof des Kreuzgangs füllt ein Buchsbaum-Labyrinth – die gärtnerische Antwort auf den Versuch, das Gerade und das Verwirrende, das Strenge und das Phantasievolle zu verbinden.
König João hatte das Kloster Batalha natürlich nicht nur bauen lassen, um ein Gelübde zu erfüllen – er dachte auch an eine seiner Person und seiner Familie würdige Begräbnisstätte. So wurde neben dem Portal der Kirche der quadratische Kuppelbau der Stifterkapelle errichtet. In der Mitte des Raums, unter der Kuppel, steht das Doppelgrabmal Joãos und seiner englischen Gemahlin Filipa von Lancaster. Wie die Grabfiguren in Alcobaça einander gegenüberliegen, so halten sie sich hier bei den Händen: auch das ein eindringliches Bild über den Tod hinausdauernder Liebe. In den Nischen an den Wänden der Capela do Fundador ruhen die Nachkommen, darunter Heinrich der Seefahrer. Sein Bruder König Duarte begann für sich selbst mit einem neuen Mausoleum. Es schloß an den Chor der Kirche an und sollte ein großer oktogonaler Gewölbebau werden. Aber es stand wohl ein Unstern über dem Plan: er leuchtet in den portugiesischen Nächten noch heute in den kuppel- und dachlosen Architekturtorso hinein. Dennoch ist ein eindrucksvolles Monument entstanden, eine offene Rotunde, gekrönt von kurzen Pfeilerstümpfen, die in den Himmel ragen. Es gelang Duarte nicht, vor seinem Tod den Bau des Mausoleums zu vollenden. Dennoch wurde er in einer der Kapellen beigesetzt. Mit Unterbrechungen führten seine Nachfolger die Arbeiten fort; König Manuel schließlich plante seine Begräbnisstätte in Belém, so daß die Arbeit in Batalha endgültig eingestellt wurde. In die europäische Kunstgeschichte aber sind diese capelas imperfeitas, die unvollendeten Kapellen, als eines der Hauptwerke des Manuelismus eingegangen, eines Bau- oder Dekorationsstils, der nach eben jenem Manuel benannt ist.

Ordensburg Tomar – Wallfahrtsort für die Freunde des manuelinischen Dekors

In die Regierungszeit Manuels fiel der Aufstieg Portugals zur Weltmacht. Plötzlich strömten unerhörte Reichtümer in das Land, die den Herrschenden das Bauen leicht machten. Mit dem Gold kamen auch exotische Einflüsse, fremde Formen und Bilder, die Erkenntnis, daß die Welt viel reicher, viel größer, viel bunter war als bisher angenommen. So entstand am Baum der europäischen Spätgotik ein neuer, skurriler Zweig: der Manuelismus oder die Manuelinik, manchmal auch Emanuelstil genannt.
Man vergleicht gotische Kirchen gern mit einem Wald, spricht vom Säulenwald, in den das Licht hineinfällt. Der Manuelismus hat diese gotischen Säulenwälder in exotische Urwälder verwandelt, es ist, wie wenn Stein lebendig wird, überall sprießt und sproßt es, entrollen und entblättern sich neue Formen, zoomorphe Gebilde oder Chimären zeigen sich, Säulen gewinnen ein fast organisches Eigenleben, krümmen sich und verschlingen sich zu Knoten, und alles wird – man hat nicht umsonst mit den Karavellen die Welt entdeckt – von dicken Tauen und Trossen zusammengehalten. In Alcobaça, in Batalha und Belém kann man die klassischen Beispiele der Manuelinik studieren und natürlich in Tomar. Dort wurde ein ganz durchschnittliches rechteckiges Fenster zum Objekt wuchernder manuelinischer Dekoration.
Man ahnt noch nichts, wenn man das später an die Templerkirche aus dem zwölften Jahrhundert angefügte Langhaus mit dem Hochchor und einem darunterliegenden Kapitelsaal besichtigt: im Hochchor ein rundes Fenster, ein oeil-de-boeuf, im Kapitelsaal ein Fensterrechteck, man ahnt auch noch nichts, wenn man, des Portugiesischen unkundig, die Hinweisschilder „janela" nicht deuten kann, man ahnt noch nichts, wenn man die sechs großen Kreuzgänge des Convento de Christo gesehen hat und schließlich in den letzten und kleinsten Kreuzgang, in das Claustro de Santa Barbara gerät: da hat man es vor sich, das berühmte Fenster von Tomar – einen architektonischen Alptraum oder ein hochartifizielles Kunstwerk oder beides in einem. Wie will man das beschreiben? Ein Jean Paul

müßte man sein, ein Thomas Mann oder ein Günter Grass. Auch ein begeisterter Kunsthistoriker wie Paul Dony sieht bei seinen „Reisen in Portugal" (1965) zuerst die Maßlosigkeit dieser Fenster von Chor und Kapitelsaal:

Diese Maßlosigkeit wirkt vermindernd und der vermummte, gemarterte, schwammige Stein hat nichts Erhebendes. Man müßte davon absehen können, um sich von der dynamischen Kraft gefangen nehmen zu lassen, die die beiden Zentralkompositionen ausströmen, die „janela" im unteren Saal und der Okulus im oberen. Man darf sich auch nicht an die Einzelheiten der Fensterumrahmung verlieren, darf nur Fülle und Überfluß sehen, sich an der Symbolik dieser Hymne ans Meer begeistern. Es liegt Genie in den Seilknoten, den gespannten Tauen mit ihren Reihen von Korkringen. Und im Geländer, in dem sich übereinander die Kugelsphäre und das Kreuz des Christusordens ad infinitum wiederholen. Mehr noch im Gewände des Okulus mit dem eingerollten Segel, dessen Leinchen eine Spirale bilden. Nichts am Chorschluß konnte edler und echter sein als die Meeresallegorie … Diogo de Arruda, der Architekt, brachte den Stein zum Singen.

Genie gewiß, aber Genie am Rande des Wahnsinns. Und ohne Unterlaß versuchen die Reiseführer das manuelinische Chaos zu erklären, ohne Unterlaß klicken die Fotoapparate, und ohne Unterlaß laufen die Videokameras. Der Kreuzgang der Heiligen Barbara ist eng und gewissermaßen ein touristisches Nadelöhr, durch das man hindurch muß. Drüben aber, in den anderen Kreuzgängen, verlieren sich die wenigen Besucher.

Im großen Kreuzgang, dem Claustro dos Filipes, wohnt eine Schlange. Es hatte heftig geregnet an dem Morgen, als wir nach Tomar kamen. Doch dann erschien die Sonne zwischen den Wolken, und die nassen Steinplatten im Hof des Kreuzgangs glitzerten im Licht. Da war die Schlange, ein flinkes Geschöpf von vierzig oder fünfzig Zentimetern Länge, aus ihrem Versteck unter den schönen Renaissance-Arkaden hervorgekommen und hatte sich auf den Weg zum Brunnen in der Mitte des Hofes gemacht. Dabei hatten wir sie entdeckt und gestört. Aber sie hatte keine Angst vor unseren riesenhaften Schuhen und den roten Socken, sondern begann, wie es Schlangenart ist, Gift zu speien, „verbales Gift" sozusagen, so bös züngelte sie. Und dann zog sie sich wieder in den Schatten der Arkaden zurück, elegant über die nassen Steine glitschend, aber eben doch umständlich, eine normale Fortbewegung ins Manuelinische verkehrt.

Wie mag sie hierher gekommen sein, in die hermetisch vermauerte Welt dieses Kreuzgangs, der gar noch ein Obergeschoß besitzt? Und wenn es nun die Schlange aus dem Paradies war? fragen wir uns später. Wenn sie uns mit ihrem Gezischel und Gesäusel etwas mitteilen wollte? Aber was? Oder wollte sie uns nur eine kleine Lektion Portugiesisch geben? Das ist doch auch so ein Gezischel und Gesäusel, eine aparté-Sprache – alles nur wie nebenbei gesprochen.

In der Tat, für den naiven Mitteleuropäer ist es eine der ersten Überraschungen im Lande, wenn er das Portugiesische nicht mehr nur geschrieben vor sich hat, sondern wenn er es hört. Es ist doch eine romanische Sprache, wie Spanisch, wie Italienisch, aber es klingt nicht so. Es klingt eher slawisch oder wie eine Mischung aus slawisch und niederländisch. Curt Meyer-Clason spricht von der Gewohnheit des zum Monolog neigenden Portugiesen, die unbetonten Vokale abzuschwächen oder gar zu verschlucken, andere nasal zu schließen und gleichsam stets ängstlich an sich zu halten, als fürchte er, der andere könne ihm etwas wegnehmen.

So hilft einem auch die Sprache, schon allein der Klang der Sprache, die Seele oder den Geist eines Landes zu erfahren. Und die Portugiesen selbst fragen sich, warum sie so sprechen, wie sie sprechen. „Vokalfresser" nennt der Sprachwissenschaftler Ernani Cidade im Zorn seine Landsleute, weil sie „unsere Sprache morden, das schöne Portugiesisch voller offener Vokale, das zu Camões Zeiten gesprochen wurde".

Die große portugiesische Vergangenheit – da ist sie wieder! Allgegenwärtig liegt sie über dem Land, sie ist der Maßstab, an dem alles gemessen wird: früher, ja, früher:

Früher schrieb ich lange Gedichte
Heute besitze ich vier Wörter um ein Gedicht zu machen
Es sind diese: Zaghaftigkeit Schwäche Untröstlichkeit Mutlosigkeit
Und noch eines habe ich vergessen: Verzicht
Das fiel mir vor Beendigung des Gedichts ein
und es umfaßt zum Teil das was ich
nach dem Achten eines jeden Monats vom Leben halte
Mit diesen fünf Wörtern umgebe ich mich
und aus ihnen ertönt die Musik
die ich brauche um weiterzumachen.
Ich fasse zusammen:
Verzicht Zaghaftigkeit Schwäche Untröstlichkeit Mutlosigkeit
Früher als die Wörter groß waren
verfügte ich stets über viele Verse
Heute besitze ich nur fünf Wörter fünf Steinchen

„Fünf Wörter fünf Steine" – ein Gedicht des 1978 verstorbenen Ruy Belo, übersetzt von Curt Meyer-Clason. Wir aber sitzen längst wieder im Leihwagen und kämpfen uns durch die portugiesische Gegenwart. Sie, das spürt man überall im Land, wird der Vergangenheit bald keine Chance mehr lassen.

Ländliche Idylle bei Lagos: am Horizont die Berge der Serra de Monchique, die wie ein natürlicher Schutzwall im Norden der Algarve liegt.

Ein Tor aus Mimosen bei Nave Redonda: hier verläßt man die Algarve und kommt in den Alentejo.

Korn und Mais, Obst und Wein produzieren die Bauern der Beira Litoral, der Landschaft um Coimbra und Aveiro. Die Margeriten wachsen von selbst.

Tief in den Bergen des Hinterlandes, der Region Montanhas liegt das Dorf Monsanto – vor Jahrzehnten war es zum „portugiesischsten Dorf Portugals" gewählt worden.

Szenen aus einer vergehenden bäuerlichen Welt – gegen die industrielle Agrarproduktion hat sie keine Chance: Schafe bei Burgau und der zweirädrige Karren bei Odeceixe.

Ochs und Esel – die symbolbeladenen Tiere aus dem Stall zu Bethlehem: geduldig verrichten sie hier ihre Arbeit (bei Vinhais).

Mandelblüte bei Pechão. – Sparsam mit dem Wasser umgehen: aus dem fahrbaren Kanister in den Eimer, aus dem Eimer in die Blechdose und dann vorsichtig auf das junge Gemüse.

Dies sind die Originale der überall in der portugiesischen Architektur als Schmuckelement verwendeten Pinienzapfen (bei Alcácer do Sal).

Enten am Scheidewege: einer muß doch der richtige sein! (bei Salir do Porto)

Scheuer und Schuppen haben Stroh- und Schilfdächer; die winzige Kapelle aber hat ihr Ziegeldach bekommen (bei Ovar).

Was der Burg oder der Kirche ein Turm, das ist diesem Gehöft (bei Santa Luzia, an der Algarve) sein groß geratener Kamin.

Das rankt und sprießt und grünt und blüht, in Rot und Gelb und Violett: Haustür mit Treppe in Obidos.

Dornröschen auf portugiesisch: kein Schloßtor, nur eine Haustür, aber auch hier hat man Schwierigkeiten hineinzukommen (Alcochete).

Auch die Störche haben sich inzwischen zum Nestbau an die aus Australien stammenden und in Portugal heimisch gewordenen Eukalyptusbäume gewöhnt (bei Torrão).

Auf der Suche nach der Seele Portugals – Spazierengehen in Lissabon

Das Epizentrum des Erdbebens, also die heftigste Bewegung an der Oberfläche unserer Erdkugel, lag auf hoher See, rund zweihundert Kilometer südwestlich von Kap São Vicente. Doch die Erschütterungen waren noch in weiten Teilen Europas und Afrikas zu spüren, sogar das Wasser in Seen und Brunnen geriet in Bewegung. So wird es aus der Schweiz, aus Norwegen, aus Schweden und aus der Mark Brandenburg berichtet. In Töplitz in Böhmen versiegte eine Mineralquelle und sprudelte kurz darauf wieder mit verstärkter Kraft. Über die Westindischen Inseln brach eine Flutwelle herein, große Schäden gab es in Marokko und Algerien. Verheerend aber war das Unglück für Portugal. Man schrieb den 1. November des Jahres 1755. Es war der Allerheiligentag. Augenzeugenberichte gelangten erst viele Tage später in das übrige Europa:

Des Morgens um neun Uhr fühlte man durch ganz Portugal und hauptsächlich in der Hauptstadt Lissabon ein solches erschreckliches Erdbeben, als jemals in irgendeinem Weltteile gewesen ist ...
Das Erdbeben erfolgte gleich nach einem Orkan, welcher ein erschreckliches Seewasser verursachte, welches den Tejo unglaublich hoch aufschwellte.
Zu gleicher Zeit barsten die Haustüren und sprangen aus ihren Angeln; auch die Mauern und Erker stürzten ein. Kurz, es schien, als ob der Jüngste Tag gekommen sei und kein Stein auf dem anderen bleiben sollte ...
Das Fürchterliche dieses traurigen Anblicks läßt sich nicht mit Worten beschreiben. Männer und Weiber, Vornehme und Geringe liefen halbnackend, halb bekleidet, zitternd durcheinander. Wohin man die Augen wendete, sah man Häuser einstürzen und unter derselben Ruinen eine unzählige Menge Menschen begraben. Ja, wenn man bei dieser Umkehrung der ganzen Natur, bei vollen Sinnen und Verstand geblieben wäre, so hätte man keinen Ort der Sicherheit ausdenken können, da man den Tod von allen Seiten mit offenen Augen sah ... Das Blutbad bei Einnahme einer Stadt, mit stürmender Hand, ist so schrecklich nicht, als das Erdbeben, das man hier ausgestanden hat ... Diese schreckliche Verwüstung ist in weniger als zehn Minuten geschehen.

Auch in anderen Städten Portugals gab es schlimme Schäden, stürzten Häuser und Kirchen ein, brach eine Flutwelle über die Ufer. Doch Lissabon wurde am furchtbarsten getroffen. Tausende von Menschen müssen in den zusammenstürzenden Kirchen beim Allerheiligen-Gottesdienst getötet worden sein.
Als Gesamtzahl der Opfer nimmt man mindestens 30 000 an. Andere Schätzungen nennen das Doppelte. Tagelang brannte die Stadt, und als die Feuer erloschen, war sie ein einziges großes Trümmerfeld.
Unter den zerstörten Kirchen war auch die gotische Klosterkirche der Karmeliter, die Igreja do Carmo im Bairro Alto, der Oberstadt. Sie wurde notdürftig wieder hergerichtet und ist bis heute als Ruine eine eindringliche Erinnerung an das große Unglück des Jahres 1755. Andere, noch rauchgeschwärzte Ruinen erinnern an einen großen Brand, der 1988 die Rua do Carmo zerstörte. Ein paar Schritte weiter steht man auf der Aussichtsplattform des um die Jahrhundertwende entstandenen Elevador de Santa Justa, eines schnörkeligen Fahrstuhlmonstrums, das

Unter- und Oberstadt miteinander verbindet. Von hier oben hat man den klassischen Blick auf das nach dem Erdbeben neu erstandene Zentrum Lissabons, eine Anlage aus dem Geist der Aufklärung und des Rationalismus: sieben parallel verlaufende Straßen, die von sieben anderen Parallelstraßen rechtwinklig gekreuzt werden. Am nördlichen und am südlichen Rand dieses Straßenrasters zwei rechteckige Plätze, der Rossio und die Praça do Comércio, die sich direkt auf den Tejo öffnet, gewissermaßen der Empfangssalon der Stadt.

Geometrie und Städtebau: Lissabon verdankt diese architektonische Allianz einem einzigen Mann, dem Marquês de Pombal. Als der verstörte König nach dem Erdbeben seinen Minister fragte, was man nun tun solle, hat Pombal geantwortet: „Die Toten begraben, für die Lebenden sorgen, die Häfen schließen." Mit ungewöhnlicher Energie ging der Marquis ans Werk, verwarf den Vorschlag, Lissabon an anderer Stelle wiederaufzubauen, verwarf auch eine historische Rekonstruktion und setzte eine aufklärerische Konzeption durch. Dann begann man zu bauen.

Das übrige Europa – und das macht das Erdbeben von Lissabon zu einem Markstein der Geistesgeschichte – ging nicht so schnell zur Tagesordnung über. Das achtzehnte Jahrhundert, das versuchte, die geistige Welt neu zu ordnen, knüpfte Fragen an dieses Ereignis: Wie konnte es zu solch einem Unglück kommen? Wenn Gott gütig und allmächtig war, hätte er es dann nicht verhindern müssen? Oder war er gar nicht allmächtig? Und was war mit Gottes Güte?

Von Voltaire zu Immanuel Kant: Das Erdbeben von Lissabon bewegt die europäische Philosophie

Die philosophische Autorität in solchen Fragen war Voltaire. Er versuchte denn auch sofort, das Unglück zu kommentieren. In einem Brief an seinen französischen Bankier schreibt er:

Da sehen Sie, mein Herr, wie grausam die Natur ist. Man wird Mühe haben, zu erraten, wie die Gesetze der Bewegung so entsetzliche Verwüstungen in der besten aller möglichen Welten anrichten. Tausend Ameisen auf einen Schlag in unserem Ameisenhaufen zerquetscht, und die Hälfte geht gewiß in unsäglicher Angst inmitten dieser Trümmer unter, aus denen sie keiner retten kann: ruinierte Familien am Rande Europas, und das Vermögen von hundert Kaufherren Ihres Landes in den Ruinen von Lissabon versunken. Welch trauriges Spiel ist doch das Spiel des menschlichen Lebens! Was werden die Prediger sagen, vor allem falls der Palast der Inquisition noch steht? Ich schmeichle mir in der Hoffnung, daß zumindest die ehrwürdigen Patres der Inquisition ebenso wie alle anderen zerquetscht worden sind. Das sollte die Menschen lehren, die Menschen nicht zu verfolgen, denn während einige verdammte Schufte ein paar Narren verbrennen, verschlingt die Erde die einen wie die anderen.

Voltaire war nicht der einzige, der sich Gedanken machte; in den Jahren nach dem Erdbeben wurde sicher eine ganze Bibliothek zusammengeschrieben und -gereimt. Aus Königsberg meldete sich der junge Philosoph Immanuel Kant zu Wort, mit der kleinen, naturwissenschaftlich orientierten Schrift „Geschichte und Naturbeschreibung des Erdbebens am Ende des 1755sten Jahres". Kant versucht darin, das Erdbeben aus sich selbst heraus zu erklären, aus dem „inwendigen Bau des großen Klumpens, den wir bewohnen". Vielleicht sind solche Erschütterungen, überlegt der Philosoph, eine Art notwendiger Selbstreinigung der Erde.

Das große Heer der Denker und Verseschmiede aber hatte es nicht nötig, Fragen zu stellen. Die Antworten hatte man längst parat: Das Erdbeben war eine Strafe Gottes, eine Warnung, ein Strafgericht, der verdiente Lohn für den menschlichen Unglauben. Johann Christoph Gottsched etwa reimte:

Ihr Spötter schweigt! Laßt ab von eurem Hohne;
Gott schlägt das Haupt, und ganz Europa bebt!
Ihr stolzen Städte zagt! und merkt's an eurer Krone;
Wer weiß, wann euch sein Zorn in Schutt und Graus begräbt?
Nicht Lissabon allein hegt Sünder:
Wen dieser Fall nicht lehrt, dem droht sein Grimm nicht minder.

Jenseits von Philosophie und Dichtung jedoch wurde das göttliche Strafgericht bald vergessen, und schon ein paar Jahre später konnte Voltaire in seinem philosophischen Schelmenroman „Candide oder der Optimismus" mit dem Entsetzen Scherz treiben.

Nur in Lissabon selbst, in Portugal, kam man über das Unglück nicht hinweg. Die äußeren Schäden konnten, vor allem durch das energische und autoritäre Eingreifen des Marquês de Pombal, beseitigt werden. Lissabon wurde moderner, funktionaler. Und so wie Pombal das Gesicht der Stadt veränderte, veränderte er auch das Land durch eine fast unübersehbare Reihe von Reformen, die sich auch auf den Überseehandel und die Verwaltung Brasiliens erstreckten. Die Landwirtschaft, die Armee, die Zollverwaltung, die Jesuiten, die Sklaverei, der Diamantenhandel – kein Bereich der Gesellschaft, in den Pombal nicht mit Gesetzen und Verordnungen eingriff. Aber dann starb König José I., der Pombal protegiert hatte; an die Macht kam die bigotte, bald in religiösen Wahnvorstellungen lebende Maria I. und Pombals Reformen wurden vergessen oder untergraben; Portugal fiel wieder zurück in ein tatenarmes Dämmerdasein am Rande Europas.

So ist die Baixa, die Unterstadt und Lissabons Zentrum, zum Denkmal, zum großen steinernen Zeugen vom Wirken des Marquês de Pombal geworden. Hier, in einem der vielen Cafés an den schnurgeraden Straßen, kann man bei einem cafézinho nachsinnen über den gar nicht schnurgeraden Verlauf der portugiesischen Geistesgeschichte, über die Windungen und Wirren der Seele des Landes. Hier, im Café Martinho da Arcada, an der Ecke der Rua da Prata und der Praça do Comercio, saß vor

Jahrzehnten, bis zu seinem Tod 1935, der Handelskorrespondent und Dichter Fernando Pessoa, hier saß er lange Abendstunden allein an einem der Tischchen und schrieb. Eine der Parallelstraßen zur Rua da Prata ist die Rua dos Douradores, die Straße der Vergolder. Dort hat der Hilfsbuchhalter Bernardo Soares gearbeitet, der Held oder vielmehr der Unheld aus Pessoas erst fünfzig Jahre nach seinem Tod erschienenen Roman „Das Buch der Unruhe":

Ich sehe mit Gelassenheit, ohne mehr als ein mögliches Lächeln der Seele, voraus, daß mein Leben für immer auf diese Rua dos Douradores eingeschränkt sein wird, auf dieses Büro, auf diese Menschen und ihre Atmosphäre. Etwas zu verdienen, was mir mein Essen und Trinken sichert, eine Behausung verschafft und einen geringen Spielraum in der Zeit, um zu träumen, zu schreiben und – zu schlafen, was könnte ich mehr von den Göttern erbitten oder vom Schicksal erwarten? ... Wir alle, die wir träumen und denken, sind Buchhalter und Hilfsbuchhalter in einem Stoffgeschäft oder in irgendeinem anderen Geschäft in irgendeiner Unterstadt. Wir führen Buch und erleiden Verluste; wir ziehen die Summe und gehen vorüber; wir schließen die Bilanz, und der unsichtbare Saldo spricht immer gegen uns.

Ein trauriges, sehr portugiesisches Buch. Irgendwie scheint es folgerichtig, daß Pessoa dieses Romanfragment in der Schublade gelassen hat, erzählt es doch auch sein eigenes Leben, ein fast anonymes Leben in der Baixa. Vom Café Martinho da Arcada kann man auf das Wasser des breiten Tejo schauen, der wenige Kilometer weiter ins Meer strömt. Dort hinaus sind die Ahnen Pessoas gefahren, dort haben sie eine Welt erobert! Doch was sinniert der Hilfsbuchhalter Soares alias Pessoa: „Wenn ich die Welt in der Hand hätte, würde ich sie, dessen bin ich sicher, gegen eine Fahrkarte zur Rua dos Douradores eintauschen."

Cafèstunde in der Rua Augusta: Nachmittagsgedanken über Gott und die Welt und die Portugiesinnen

So sind die Cafés in der Baixa der rechte Ort, um über Portugal und die Portugiesen nachzudenken. Es ist ein einigermaßen warmer Novembertag, und wir sitzen draußen am Marmortischchen in der Rua Augusta, der Prachtstraße des Prachtviertels. Am einen Ende der Perspektive der Triumphbogen mit der aufschlußreichen Devise „Zur Verewigung der Tugend unserer Vorfahren". Durch den Triumphbogen hindurch sieht man Dom José I. auf seinem Denkmal stolz auf das Meer hinausblikken, wie sein Land: „... mit dem Gesicht zum Meer". Am anderen Ende der Straße aber, zum Rossio hin, hat sich eine Bettlerin zu einem Monument des Elends und der menschlichen Misere aufgebaut. Genau in der Straßenmitte sitzt sie, auf einem breiten hölzernen Lehnstuhl. Aber man sieht sie nicht. Sie ist versteckt unter einem weißen Tuch, wie ein Gespenst, wie ein Ku-Klux-Klan-Monster. Nur zwei Löcher für die Augen sind in den Stoff geschnitten und schwarz umrandet. Unten ragen zwei monströs geschwollene Füße hervor und ein Teil der Unterschenkel, entstellt von einer Krankheit. Die Augenlöcher blicken unbewegt und geradeaus vor sich hin. In den großen Schaufensterscheiben der noblen Läden spiegelt sich die stumme Inszenierung. Dort spiegeln sich auch die beiden eleganten Damen an unserem Nebentisch, die geruhsam ein chemiebuntes Getränk süffeln, und der ältere, noch ganz manierlich ausstaffierte Mann, der sich die Rua Augusta hinauf- und dann wieder hinunterbettelt. „Nein", empören sich die Damen, als wir ins Gespräch kommen, das sei doch zu arg, das hätte es früher nicht gegeben, hier in Lissabon. Ungläubig schauen sie dann, als wir versichern, so ein einzelner, höflicher und zurückhaltender Bettler sei doch gar nichts gegen das, was wir in Berlin oder Frankfurt oder Paris erlebt hätten. Die Damen schütteln die Köpfe. Mag ja alles sein – aber hier, in Lissabon, nein! Und bedenklich legen sie die Stirn in Falten, aber nur ein ganz kleines bißchen, nur ein Hauch von Bedenklichkeit.

Haben wir da zwei typische Portugiesinnen vor uns? Oder ist die unsichtbare Bettlerin unter dem weißen Laken typisch? Oder die drei Mädchen, die sich am anderen Nebentisch von aufgedrehten amerikanischen Rucksacktouristen den Hof machen lassen? Oder die Portugiesinnen, welche uns ein französischer Reisender um 1800 beschrieben hat:

Es gibt keine Europäerinnen, welche eine feinere Haut hätten. Sie haben weiße Zähne, sehr schönes volles Haar, das ihnen gewöhnlich bis auf die Fersen reicht; sie verwenden darauf viel Sorgfalt und türmen es in ungeheuren Frisuren auf, die breiter sind als ihr Kopf; sie schmücken es außerdem noch mit Blumen und Diamanten, welche sie mit vieler Koketterie und Kunst anbringen; sie haben alle schöne schwarze, sehr ausdrucksvolle Augen; und da in Portugal wie in der Türkei ein voller Busen oder doch wenigstens der Schein eines vollen Busens für einen Hauptbestandteil der weiblichen Schönheit gilt, so nehmen sie zu allen Hilfsmitteln der Kunst ihre Zuflucht, um dessen Umfang zu vermehren, wenn sie die Natur in dieser Hinsicht stiefmütterlich behandelt hat.

Wo sind wir da nur hingeraten mit unserer Absicht, auf der Caféterrasse in der Rua Augusta über Portugal und die Portugiesen nachzudenken! Drei, vier Caféhäuser weiter hat Fernando Pessoa geschrieben und gedichtet, ein esoterischer Dichter, gewiß, aber auch ein Dichter, der über sein Land nachdachte, an seinem Land litt und davon träumte, ihm einen Weg aus der geistigen Misere seiner Gegenwart zu zeigen. Aber Pessoa wäre kein Portugiese gewesen, hätte er diesen Weg nicht in der Vergangenheit gefunden, in der seltsamen Gestalt des Königs Sebastian.

Dom Sebastião, ein eher unfähiger Phantast auf dem Thron, hatte in einem um Jahrhunderte verspäteten Kreuzzug die Mauren und den Islam endgültig schlagen wollen, hatte sich schon als Kaiser von Marokko gesehen, war dann aber an der Spitze eines gewaltigen Heeres in der marokkanischen Wüste glanzlos untergegangen. Mit 50 000 christlichen Kriegern, der Blüte des portugiesischen Adels war Sebastian nach Afrika gezogen, nur fünfzig Männer kamen nach Portugal zurück. In der Schlacht bei Alcázar-Kebir im Jahre 1578 ging die Epoche von Portugals Größe zu Ende, zwei Jahre später saß ein Spanier auf dem portugiesischen Thron.

Aber niemand wollte an den Tod des jungen Königs glauben, falsche Sebastiane traten auf und fanden Zulauf. Der Sebastianismus wurde zu einem portugiesischen Mythos. So wie die Deutschen auf die Wiederkehr ihres Kaisers Barbarossa warteten, der im Kyffhäuser begraben saß, so erhoffte Portugal die Rückkehr Sebastians. Er würde das Land aus dem Niedergang und der Erniedrigung wieder in die glanzvollen Höhen universaler Herrschaft führen. Volksaufstände des 18. und 19. Jahrhunderts beschworen seine Gestalt, und selbst die Armen Brasiliens klammerten sich an diesen Traum.

Und auch Fernando Pessoa! In der Mythenfigur Sebastians wollte er dem portugiesischen Volk – und sich selbst – eine Utopie geben:

In einem symbolischen Sinne ist König Sebastian Portugal, das seine Größe mit König Sebastian verloren hat und sie nur bei seiner Rückkehr wiedererlangen kann, einer symbolischen Rückkehr – so wie einem schrecklichen göttlichen Ratschluß zufolge sein Leben selber symbolisch gewesen war –, auf die zu vertrauen jedoch nicht absurd ist.
König Sebastian, so sagt die Legende, wird an einem Nebelmorgen auf seinem Schimmel wiederkehren, von der fernen Insel kommend, wo er die Stunde seiner Wiederkehr erwartet hat ...
Portugal möge sich seiner selbst bewußt werden. Es weise die fremdländischen Elemente zurück! Es lege Rom und seine Religion beiseite! Es überlasse sich ganz seiner eigenen Seele ... Wir brauchen die sieben Hügel Roms nicht: auch hier in Lissabon haben wir sieben Berge.

So steckt denn auch hinter dieser Utopie der sehr portugiesische Versuch, sich weltanschaulich an den eigenen Haaren aus dem Sumpf der gesellschaftlichen und geistigen Misere zu ziehen. Kein Sozialismus, kein Katholizismus, kein Liberalismus, keine Rettung von außen – nein, ein dekadenter aber portugiesischer König des sechzehnten Jahrhunderts muß es sein, ein Träumer, der mit seinen Phantasmen den Abstieg einer Weltmacht besiegelt hatte. Eine böse Fußnote zu dieser politischen Legendenfigur Dom Sebastião stammt von dem französischen Autor Villier:

„Vielleicht erwarteten die Portugiesen ihn noch im 20. Jahrhundert und mochten glauben, ihn, wie die Azteken Quetzalcoatl, in der Person des Doktors Salazar zu erkennen."

Ein deutscher Kollege aber, Gustav Faber, befindet: „Er war die personifizierte Saudade."

Saudade! Da haben wir es, das geheime Schlüsselwort zur Seele Portugals. Unübersetzbar, aber ein bißchen ahnt man, was gemeint ist – irgendetwas zwischen „wehmütiger Sehnsucht" und „sehnsüchtiger Wehmut". So wenigstens versucht es uns ein Historiker zu erklären. Curt Meyer-Clason aber hat sich die Mühe gemacht ... was heißt die Mühe? Er hat sich das Vergnügen gemacht, Definitionen der „saudade" zusammenzutragen:

„Das portugiesischste aller Gefühle: aus dem lateinischen solitates – Einsamkeiten",

„Das Wort saudade ist wohl die süßeste, ausdrucksvollste und zarteste Bezeichnung unserer Sprache ... Das Helldunkel der Liebe auf portugiesische Art",

„Absinth im goldenen Kelch ... bitterer Geschmack des Unglücklichen, köstlicher Stich des herben Stachels ... Lustspendender Schmerz" (Almeida Garrett),

„Ein Übel, das man liebt, ein Gut, das man erduldet ... Sanfter Rauch des Liebesfeuers".

Meyer-Clason, der in den Jahren vor und nach der Nelken-Revolution das Goethe-Institut in Lissabon geleitet hat, versuchte sich natürlich auch selbst an einem einschlägigen Psychogramm der Portugiesen:

Einsam, mit sich selbst beschäftigt, die uralte Schwermut genießend, die saudade, eine Zugvogelsehnsucht, aber ohne Ziel noch Zeit, ein Flug ins Ungefähr, aus dessen Höhe und Fernweh man sein eigenes Ich, das dort unten am Atlantikstrand dahinschmachtet, liebend umfängt in Erbarmen und Zärtlichkeit, sekundiert von Frauenarmen, die der Tochter, der Frau, der Mutter oder der Geliebten in einer Gestalt gehören mögen. Auf jeden Fall den Stillstand bewahrend, die große Vergangenheit wiederkäuend ohne Unterlaß, sie ins Feld führend gegen die geschmähte Kleinlichkeit der Gegenwart ... Etwas Narzißhaft-Verwelktes, Unreif-Gealtertes, Mürrisch-Eitles haftet an diesem erzgesunden Portugiesentum, das sich preisbietet in prächtigen Männergestalten, in warmen Frauenkörpern, die feucht blicken wie zur Römerzeit, verhüllt begehrlich und gefügig wie weidende Hirschkühe.

Oh Portugal, oh Lissabon: selbst der Leiter eines Goethe-Instituts wird hier zum Poeten, zum Troubadour südlicher Frauenschönheit! Wir aber haben inzwischen längst den Stadtplan auf dem Tisch ausgebreitet und studieren den günstigsten Weg zur Alfama, aus der Reißbrett-Ordnung der Baixa hinüber in das städtebauliche Labyrinth der Altstadt Lissabons, aus der Aufklärung zurück ins Mittelalter: so hat ganz Lissabon einmal ausgesehen, vor dem Erdbeben, vor dem göttlichen Strafgericht des Jahres 1755. Aber natürlich wollen wir uns ohne Stadtplan zurechtfinden, er steckt wieder in der Westentasche; wir schlendern durch Gassen und Gäßchen, steigen treppauf, treppab, verlassen uns nur ganz vage auf unseren Orientierungssinn: links das Castelo São Jorge, nicht zu übersehen, rechts der Tejo, und als wir dann doch einmal auf ein Straßenschild schauen, eher zufällig oder vielleicht doch geleitet vom genius loci – lesen wir „Rua de Saudade". Sehnsuchtstraße, Wehmutstraße, Weltschmerzstraße. Oh Portugal, oh Lissabon.

Drapiere den Stoff;
da ist noch etwas/
oder nur Form,
Weibchen des Windes?
(Pedro Tamen: Dentro de Momentos, 1984)

So haben sie immer gewaschen, die „lavandeiras“: auf den glattgescheuerten Steinen im seichten Wasser des Mondego bei Coimbra.

Die Finger funktionieren ganz von selbst, mit der langen Patentstricknadel – Zeit, um mit den Augen oder den Gedanken spazieren zu gehen. (Vila Viçosa)

Neugier – dein Name ist Weib! Auch wenn man vermutlich auf den Zehenspitzen stehen muß und wenn die Nase ein bißchen läuft. (Alamo)

Das Leben läßt Gesichter verwittern: Runen, Lachfalten oder Sorgenfalten, freundliches Entgegenkommen oder Mißtrauen, Ohrring im einen Ohr, Ohrring im anderen Ohr.
(Vila Nova de Rodao und Escalos de Cima)

Der Portugiese ist zu allem fähig. Wir sind ein großes Volk vertagter Helden …, schreibt Fernando Pessoa.

Mit Leichtigkeit erobern wir alle erträumten Frauen, und spätmorgens wachen wir in bester Laune auf, mit der farbigen Erinnerung an noch ungetane Heldentaten …, schreibt Fernando Pessoa.

Seit der Nelkenrevolution haben die Azulejos an Portugals Wänden ernsthafte Konkurrenz bekommen: Wahlpropaganda – wie hier beim Cabo Espichel ein Monumentalgemälde der APU, einer linken Sammelbewegung.

VOTA APU

Straße in Odemira im unteren Alentejo: Variationen in Blau mit grünen und roten Zwischentönen.

Sintra: „Hab' ich Sie schon wieder beim Flirten mit den Senhoras erwischt!“

Gesichter sagen viel – aber sie verraten nichts: nachdenklich, versonnen, träumend oder nur in Gedanken an die Hausaufgaben? (Santa Luzia)

Cabo Espichel, stumme Szene auf der Bühne des Alltags: Großmutter, Mutter und Kind …

Im warmen Klima der Algarve gedeihen Zitrusfrüchte; ein paar Kilo der Ernte werden hier in Fuseta, westlich von Tavira, auf der Straße abgewogen und verkauft.

Auf dem Markt in Lissabon: die Oliven sind verkauft, die Kasse stimmt, hoffentlich.

Weight 20 Kgs.
Weight 34 "
Weight 36 "
FINE
OLIVES
IN BRINE
Embalado pelo
AGRO-INDUSTRIAL
DO
PORTUGAL

Kein alter Farbtopf wird hier weggeworfen, und selbst das endgültig zerlöcherte Fischnetz findet noch einen neuen Verwendungszweck. (Chao Duro)

Brot – pão, Rotwein – vinho tinto, Weißwein – vinho branco, Sardinen – sardinhas. Jetzt müßte man nur noch wissen, was „Tante-Emma-Laden" auf portugiesisch heißt. (bei Brunheiras)

PENHA

Die harte Arbeit des Fischfangs auf dem Meer und die Mühsal der Arbeit an Land halten sich vermutlich die Waage. (bei Armação de Pêra)

Kein archäologischer Fund: die Krüge werden ins Meer versenkt und wieder emporgezogen, wenn sich Tintenfische in ihnen verkrochen haben. (Santa Luzia)

Fischverkäuferin in Ofir: Was den Deutschen ihr Hering, ist den Portugiesen ihre Sardine.

Cacela Velha: Hier hängt der Himmel noch voller Fische, aber längst muß Portugal auch Fische importieren.

Alcácer do Sal:
Alle an ihrem Platz – jeder Gegenstand, wo er hingehört. Zu beanstanden ist eigentlich nur die elektrische Installation.

Der lange Weg nach Europa – Von der Nelkenrevolution zur EG

Es war in der ersten Stunde des 25. April 1974, morgens um 0.30 Uhr, da spielte der katholische Rundfunksender „Renascença" das Lied „Grândola, Vila Morena" des Liedermachers José Afonso; es war ein verbotenes Lied, durfte öffentlich nicht vorgetragen werden:

Grândola, braune Stadt,
Boden der Brüderlichkeit.
Das Volk ist es, das befiehlt
In deinem Innern, du meine Stadt!

An jeder Ecke ein Freund,
In jedem Gesicht die Gleichberechtigung!
Grândola, du braune Stadt,
Boden der Brüderlichkeit!

Unter dem Schatten einer Steineiche,
die ihr Alter nicht kannte,
Habe ich geschworen, Grândola,
Deinen Willen als Gefährte zu haben.

Dieses Lied mitten in der Nacht zu senden, war mehr als Provokation – es war der Beginn der Revolution, das verabredete Signal für den „Movimento das forças armadas" zur militärischen Erhebung. Die eingeweihten Offiziere gaben ihren Truppen die Befehle zum Marsch auf die Hauptstadt, und in kurzer Zeit war die alte Regierung gestürzt, der Staatssender in der Hand der aufständischen Militärs und die politische Polizei entmachtet, die PIDE.
Im April blühen die Nelken, und die Bevölkerung schmückte Soldaten und Waffen spontan mit den roten und weißen Blumen. So ist dieser Militärputsch als „Nelkenrevolution" in die portugiesische Geschichte eingegangen, eine kurze, unblutige Revolution, die fünfzig Jahre einer konservativ-reaktionären Diktatur beendete. Wie jede Gewaltherrschaft war die Diktatur Salazars nicht nur eine politische Institution. Sie war allgegenwärtig, allumfassend, sie lag wie ein Krake über dem Land, der alles in seinen unzähligen Armen erdrückt. Jetzt sollte Portugal aus Starrheit und Unbeweglichkeit erwachen. Schon einen Tag nach der Revolution konnte man in einer Zeitschrift, dem „Expresso", lesen:

Was Wunder, daß das Volk einem Land entfremdet war, das es nicht als das seine empfand, das nicht zur Selbstentfaltung angeregt wurde. Was Wunder, daß auf allen Gebieten im Leben der Nation Mangel an Tatkraft herrschte, Laschheit in den Ämtern, Langsamkeit bei den Entscheidungen ... Man lebte im Gefühl ständigen Versinkens, wie auf einer Reise, deren Rückfahrt immer schwieriger wurde, einer Reise, gegen die man sich nicht zu wehren wußte.

Das Leben als Reise – das ist ein einleuchtendes Bild. Aber wir sind in Portugal, und da wird bei der Reise offenbar auch gleich die Rückreise mitbedacht. Die Rückreise wohin? Die Rückreise in die Zeit der Republik vor der Salazar-Diktatur? Die Rückkehr zur Monarchie? Oder einfach die Rückkehr in eine Zeit der Größe und

Weltbedeutung? Man muß in der Tat schon sehr weit zurückgehen in der Geschichte, um geeignete, um positive Anknüpfungspunkte zu finden. Viel äußere Größe gab es nicht mehr nach der kurzen Sternstunde des Marquês de Pombal. In den Kriegen der Napoleonischen Ära wurde das Land von den französischen Armeen, aber auch von englischen Truppen, die gegen Napoleon kämpften, verwüstet. Es muß damals trist ausgesehen haben im Land; 1809 etwa berichtet der englische Dichter Lord Byron von Lissabons „schmutzigen Straßen & noch schmutzigeren Bewohnern".

Gerade im Jahr zuvor war der Prinzregent Johann, der für seine geisteskranke Mutter regierte, nach Brasilien ins Exil gegangen. 1820 bricht eine Revolution aus und Johann wird als konstitutioneller Monarch zurückgerufen. 1822 wird Brasilien unabhängig; Portugal gerät in eine Periode des Bürgerkriegs, aber seit der Jahrhundertmitte kommt es dann zu zaghaften Liberalisierungen, der Zivilehe zum Beispiel. Doch wieder gewinnen die konservativen Kräfte die Oberhand, bis endlich im Jahre 1910 die Monarchie gestürzt und die Republik ausgerufen wird. Damit war Portugal – nach der Schweiz und Frankreich – die dritte Republik in Europa. Aber die Probleme des Landes waren damit natürlich nicht aus der Welt geschafft. Die Republik blieb immer instabil, Adel und Klerus hatten ihre Macht behalten, Industriearbeiter und die Landarbeiter im Alentejo kämpften energisch für bessere Lebensbedingungen: als die kurze Epoche der Republik 1926 durch einen Militärputsch beendet wurde, hatten in den sechzehn Jahren ihres Bestehens 45 Regierungen einander abgelöst.

Diese politische Geschichte ist kein Zufall. Sie wurzelt in den historischen, vor allem den wirtschaftlichen Bedingungen des Landes; und es war nicht übertrieben, daß man Portugal einmal das „Armenhaus Europas" genannt hat. Noch heute ist das Land vom europäischen Durchschnitt weit entfernt.

Von Portugal in alle Welt – zuerst als Entdecker, dann als Auswanderer und Gastarbeiter

Ein anderes böses Wort stammt von dem Historiker Oliveira Martins. Er schrieb, der „Hauptausfuhrartikel des Landes" seien seine eigenen Menschen. In vieler Hinsicht hatte er sicher recht damit. Schon immer trieb die Not Menschen außer Landes, in die Kolonien natürlich und vor allem nach Brasilien:

Die Emigration oder auch nur lange Abwesenheit der jährlich zunehmenden Auswanderer hat uns ein Land voller Witwen von Lebenden beschert.
Das Drama von gestern ist auch das von heute und morgen: Frauen ohne Gatten, Mädchen ohne Bräutigam, Kinder ohne ältere Brüder. Sie alle essen das bittere Brot, das die Männer Portugals in Brasilien verdienen.

Die Meinung eines portugiesischen Politikers aus dem Jahre 1911. Man muß das Wort „Brasilien" nur durch die Worte „Deutschland" oder „Frankreich" ersetzen, dann hat dieser Kommentar auch heute noch seine Gültigkeit. Gerade die Jahrzehnte der wirtschaftlichen Hochkonjunktur in den Industrieländern Europas haben wieder eine Wanderungsbewegung ausgelöst, die zeitweise so stark war, daß das Salazar-Regime 1967 einen grundsätzlichen Auswanderungsstop nach dem übrigen Europa verhängte. Aber das brachte die Welle nicht zum Stillstand, jetzt gingen die Männer heimlich über die Grenze, wurden zu „clandestinos".

Aber auch für die Zurückbleibenden hatte die Abwanderung ein positives Ergebnis: der Mangel an Arbeitskräften im Land führte zu höheren Löhnen, unterlief die permanente Niedriglohnpolitik des Regimes. Schließlich profitierte selbst noch dieses Regime von der „emigração clandestina": die portugiesischen Gastarbeiter schickten (und schicken) einen Teil ihres Lohns nach Hause; zeitweise konnte die Regierung damit fast das Bilanzdefizit des Außenhandels decken.

Zur Tradition des Landes gehört aber nicht nur die Auswanderung, auch die Rückkehr, die Heimkehr gehört dazu. Wie unser sprichwörtlicher „reicher Onkel aus Amerika" kehrten die Männer nach einem Arbeitsleben im Ausland mit den Ersparnissen in ihre Heimat zurück. „Brasileiros" nannte man sie, aus welchem Land sie auch kamen. Dann bauten sie sich ein prächtiges Haus, wurden zum Wohltäter ihres Dorfes, wurden irgendwann in der Heimaterde begraben und bekamen auf dem Marktplatz vielleicht noch ein schönes Denkmal. Auch heute fallen einem vor allem im nördlichen Portugal in den Dörfern und Städtchen immer wieder überdimensionierte Neubauten auf, die nicht recht ins Orts- oder Landschaftsbild passen: sie sind zu groß, sie haben ein bißchen zu viel gekostet. Vermutlich sind es die „Brasileiros" unserer Tage, die sich da ihren Lebenstraum verwirklicht haben, wenn auch wohl die Zeiten vorbei sind, wo Auswanderer oder Gastarbeiter als Millionäre zurückkamen.

1973, kurz vor dem Ende des Salazar-Regimes, hat eine portugiesische Schriftstellerin all den namenlosen Frauen, die in der Heimat zurückbleiben mußten, ihre Stimme geliehen, in dem „Brief einer Frau, genannt Maria Ana, gerichtet an ihren Ehemann Antonio, Auswanderer, der seit zwölf Jahren in Kanada in der Stadt Kitikat lebt":

Hör zu, Antonio, es sind jetzt zwei Jahre, daß du uns nicht mehr besuchen kommst, und die Dinge gehen hier von Tag zu Tag schlechter, auch wenn ich das Geld rechne, das du uns regelmäßig schickst; wir danken dir vielmals, denn es gibt Leute, die ihren Familien praktisch nichts schicken, aber da sind die Felder, Antonio, ich tue alles, um etwas herauszuholen, und sogar wenn ich mir von Amelias Mann helfen lasse, der nicht viel macht, aber immerhin hilft, sogar dann werfen sie nichts ab als Dornen wegen des fauligen Wassers des Caima, das alles verdirbt: die Fische sterben, von den grünen Bohnen reden wir gar nicht erst, man gibt da soviel Geld aus, wie man nur will, es ist wegen der Papierfabrik, die übrigens der einzige Ort ist, wo die Leute, die noch hier geblieben sind, Arbeit finden können, bis sie

zum Regiment eingezogen werden. Wie ich dir gesagt habe, wenn man am Caima entlang geht, findet man nur tote Fische, und man kann dort nicht einmal die Wäsche zum Trocknen ausbreiten, weil das Wasser so stinkt, und sogar die Tiere gehen nicht zum Fluß, um zu saufen.
Da Luisa diesen Brief schreibt und ich sie liebe wie eine Schwester, will ich dir noch sagen, daß ich mit all den Sachen, die du uns schickst, immer gut angezogen bin und bei guter Gesundheit und daß man mir galante Dinge sagt, und alles mögliche denkt, obwohl ich vor Sehnsucht nach dir zerfressen bin und mich verbrauche, denn eine Frau ohne Mann ist wie ein unbebauter Acker oder ein Herd, der für nichts und wieder nichts brennt. Nun gut, ich klöpple Spitzen und bringe das Haus für deine Rückkehr in Ordnung, von der ich nicht einmal weiß, ob sie kommen wird …

Die fiktive Briefschreiberin Maria Ana läßt diesen Brief an ihren Mann in Kanada von einer Cousine schreiben, weil sie selbst Analphabetin ist. „In Wirklichkeit" aber stammt der Text aus einem Buch mit dem beziehungsreichen Titel „Neue Portugiesische Briefe". Drei junge Schriftstellerinnen haben sie verfaßt, 1973 publiziert – und sind dafür ins Gefängnis gekommen!

Weltliteratur aus einem Kloster im Alentejo: die Liebesbriefe der Mariana Alcoforado

Mit dem Titel ihres Buches hatten sie sich auf die „Portugiesischen Briefe" der Nonne Mariana Alcoforado bezogen, die im Jahr 1669 in einer französischen Übersetzung erschienen waren. Mariana Alcoforado stammte aus Beja, ihr Vater war Offizier und Staatsbeamter, sie hatte den Schleier genommen und lebte im Kloster „Nossa Senhora da Conceição". Und dann war ein französischer Offizier in die Stadt gekommen, es hatte ein heißes Liebesabenteuer gegeben, und bald waren die Soldaten weitergezogen, an die Algarve, wie es in einem der Briefe heißt. Es sind fünf im ganzen, jeder ein document humain, ein Dokument der Liebe und der Enttäuschung, der Leidenschaft und der Entsagung, der Verzweiflung – und der saudade. Bald tauchten auch die Antwortbriefe des französischen Offiziers auf; man konnte ihn als Noël Bouton, Marquis de Chamilly identifizieren. Allein in Frankreich sind bis zum Jahr 1800 90 Ausgaben der „Portugiesischen Briefe" erschienen.
Schon im 18. Jahrhundert gab es dann auch deutsche Übersetzungen, die schönste Fassung aber stammt von Rainer Maria Rilke; sie wurde 1913 in der Insel-Bücherei veröffentlicht:

Ich habe keinen Wunsch auf dieser Welt, als dich zu sehn. Vergiß mich wenigstens nicht. Ich will mich begnügen mit deiner Erinnerung, aber ich habe keine Gewißheit dafür. Damals, als ich dich jeden Tag sah, da hoffte ich ganz andere Dinge als dein bißchen Erinnerung, aber du hast mich dazu abgerichtet, mich deinem Willen zu unterwerfen. Und doch, doch, ich bereue nicht, daß ich dich angebetet habe. Es macht mich froh, daß du gekommen bist mit deiner Verführung. Alle Härte deines Weggehns, vielleicht für immer, kann der Hingerissenheit meiner Liebe nicht Abbruch tun: ich will, daß die ganze Welt es weiß, ich mache kein Geheimnis daraus, ich bin entzückt, alles das, was ich tat, getan zu haben, für dich, und gegen alles, was Sitte und Anstand heißt. Meine Ehre, meine Religion besteht nur noch darin, dich aufs äußerste zu lieben, da ich einmal mit dieser Liebe angefangen habe.

Im ehemaligen Kloster zu Beja zeigt man noch heute den Einstieg, durch den Chamilly zu seiner Geliebten kam, man hat auch ein vergittertes Fenster installiert wie jenes, an dem sich die beiden unterhielten. Man hat den Totenschein der Mariana Alcoforado gefunden: bis 1723 hat sie im Kloster gelebt, ist 83 Jahre alt geworden. Man hat das weitere Leben des Marquis de Chamilly verfolgt: in seinen späteren Jahren wird er von dem Chronisten Saint-Simon als dicker und maßlos dummer Mann beschrieben: „Unbegreiflich, wie er bei dieser nichtssagenden Redeweise und dem tappigen Auftreten jemals fähig gewesen sein sollte, so eine schöne und hohe Liebesflamme zu entzünden." Rousseau aber bot jede Wette, daß die Briefe überhaupt von einem Mann geschrieben seien.
Er hatte vermutlich recht. Die Liebesgeschichte selbst hat es wahrscheinlich gegeben – die Briefe aber sind eine Fälschung, oder sagen wir weniger grob: eine Mystifikation, eine Täuschung. Hinter ihr steht der Schriftsteller und Diplomat Gabriel-Joseph Guilleragues, der in der zweiten Ausgabe der Briefe als ihr Übersetzer genannt wird.
Doch Fälschung oder Mystifikation: was tut's? Die Briefe sind ein Kunstwerk, sind „echt" in einem psychologischen Sinn und haben Generationen von Lesern und Leserinnen bewegt. Und dann erschienen 1973 die „Neuen Portugiesischen Briefe", eine Sammlung von Gedichten und kurzen Essays, von erfundenen Briefen und von Briefen, die die drei Autorinnen, die das Buch geplant hatten, untereinander wechselten. „Die drei Marias" nannten sie sich: Maria Isabel Barreno, Maria Teresa Horta, Maria Velho da Costa.
Ihr Thema war die portugiesische Frau – „die letzte Kolonie des portugiesischen Mannes". Das war Anfang der siebziger Jahre in Portugal kein zynisches Bonmot, es war Realität. Alle Entscheidungsgewalt in der Familie – noch nach dem Bürgerlichen Gesetzbuch von 1967 – lag beim Mann. Er entschied über Erziehung und Vermögen, durfte die Post seiner Frau öffnen und mußte seine Zustimmung geben, wenn Frau und Kind ins Ausland reisen wollten. Das Wahlrecht besaßen bis 1968 nur Frauen mit Hochschulbildung – ein lächerlich geringer Prozentsatz. Bis 1970 war der Schulunterricht für Knaben und Mädchen getrennt, selbstverständlich gab es verschiedene Lehrprogramme: „A mulher a casa, o homen a praça" – die Frau zu Hause, der Mann in der Öffentlichkeit.
In diese Situation hinein waren die „Neuen Portugiesischen Briefe" erschienen. Das waren nicht mehr romantische Klagen wie die Briefe der Mariana Alcoforado, es

waren Texte, die die Dinge beim Namen nannten. Es ging um Erotik, um Sexualität, genauer: um weibliche Sexualität, die es bisher offiziell natürlich nicht gegeben hatte. Aber es ging auch um die Rolle der Frau in der Gesellschaft, um Ausbildung und Arbeit, um Auswanderung und Kolonialkriege. Ein paar Jahre später, mit der Nelkenrevolution, bekamen auch die Frauen Portugals ihre Chance. Viele haben sie genutzt, aber andere leben weiter in ihrer alten Rolle, die Frauen auf dem Land vor allem, die älteren. Sie werden noch lange zum Bild Portugals gehören, diese kleinen, alten, gebeugten Frauen in ihrer schwarzen Kleidung, mit Händen und Gesichtern, die von einem langen Arbeitsleben erzählen. Aber so viel Ungesagtes liegt auch über ihnen:

Höre, wie alles so still ist und sanft schläft;
Hell die Wände, der Fußboden glänzt,
Und auf die Fensterscheiben gemalt
Der Himmel, ein grünes Feld, zwei Bäume.
Schließe die Augen und schlafe im Tiefsten
Von all dem was nie geblüht hat.

Berühre nichts, schaue nicht, erinnere dich nicht.
Jeder Schritt
kann die Möbel erhitzt
Von so vielen unnütz langen Sommertagen
Zum Knacken bringen.

Erinnere dich nicht, warte auch nicht.
Du steckst nicht im Innern einer Frucht:
Hier lassen die Zeit und die Sonne nichts reifen.

So beschreibt die Lyrikerin und Kinderbuchautorin Sophia de Mello Breyner Andresen das Ungesagte, das Unerfüllte im Leben portugiesischer Frauen. Es wird noch lange dauern, bis diese „letzte Kolonie der Portugiesen" ihre Unabhängigkeit erkämpft haben wird.

Europas letzte Kolonialmacht: Salazars „Estado Novo" und der lange Abschied von der Größe

Und die eigentlichen Kolonien? Portugal hatte sich bei der „Verteilung der Welt" durch die Europäer einen beachtlichen Anteil an der Beute gesichert, als älteste Kolonie Guinea-Bissau, dazu Angola und Moçambique. Wie nach einem großen strategischen Plan folgten dann in östlicher Richtung Goa auf dem indischen Subkontinent, Macao in China und eine Hälfte der Sunda-Insel Timor. Portugal hatte mit der Eroberung der Welt begonnen und wollte nie wahrhaben, daß dahinter ganz nackte politische und kommerzielle Interessen standen. Man lese nur einmal, was Salazar noch 1930 in die als Verfassungsgesetz geltende „Kolonialakte" hineinschreiben ließ:

Es liegt in der organischen Wesenheit der portugiesischen Nation, ihre historische Aufgabe der Kolonisierung der Länder der großen Entdeckungen unter ihrer Oberhoheit zu erfüllen und unter den dort lebenden Bevölkerungen die Wohltaten ihrer Zivilisation mitzuteilen und zu verbreiten, wobei sie auch ihren sittlichen Einfluß geltend macht …

Lapidarer hieß es im Artikel 1 der portugiesischen Verfassung: „Portugiesisches Staatsgebiet ist das, was gegenwärtig Portugal gehört." So empfingen den Besucher, wenn er nach Luanda oder Maputo kam, denn auch Schilder mit der Aufschrift: „Aquí é também Portugal!" – „Auch hier ist Portugal!" 1951 hatte man, um ein übriges zu tun, die Kolonien kurzerhand zu Provinzen erklärt. Kein Unterschied mehr zwischen Minho und Angola? Estremadura und Moçambique? Doch die lauten Beschwörungen konnten den Gang der Geschichte nicht ändern. Die Unabhängigkeitsbewegungen in der Dritten Welt machten vor den portugiesischen Besitzungen nicht halt: 1961 begann in Angola der bewaffnete Aufstand, 1963 in Guinea-Bissau und 1964 in Moçambique. Hartnäckiger als die anderen Kolonialmächte versuchte Portugal, seine „Überseeprovinzen" zu halten: auf der Alterspyramide der portugiesischen Bevölkerung erkennt man deutlich die Lücke, die die mörderischen Kolonialkriege in die Generation der jungen Männer gerissen haben, die damals zu einem vierjährigen Wehrdienst verpflichtet waren. Noch 1972 klebten in Portugal Plakate, auf denen das Land in seiner „wahren Größe" zu sehen war: man hatte die Umrisse von Guinea-Bissau, Angola und Moçambique auf eine Europakarte projiziert. Und so lag Portugal nicht mehr in der Südwestecke der iberischen Halbinsel, nein, es reichte vom Cabo de São Vicente bis nach Brüssel, bis nach Warschau und Budapest. Aber 1974 und 1975 ging dann auch dieses chimärische Portugiesische Reich unter – ein Schlußpunkt nach mehr als einem halben Jahrtausend, in dem sich Portugal als weltumspannender Staat begriffen hatte.

Aber auch im Mutterland, in Portugal selbst, haben diese Kolonialkriege das Ende einer Epoche herbeigeführt. Portugiesische Berufsoffiziere hatten begonnen, die Aussichtslosigkeit der Kämpfe in Afrika einzusehen und über eine politische Lösung nachzudenken. So entstand die „Bewegung der Streitkräfte", die hinter dem Putsch – oder der Revolution – vom April 1974 stand: Putsch – weil das Militär den Aufstand geplant und durchgeführt hat, Revolution – weil das Volk sich dem Militär spontan angeschlossen hat.

So schnell und unblutig diese Revolution verlaufen ist, so einschneidend ist ihre Bedeutung für Portugal. Bis zu jenem Apriltag hatte Portugal mit dem Gesicht zum Meer, mit dem Rücken nach Europa gestanden. Jetzt begann eine große Kehrtwendung: Portugal, auf sich selbst zurückgeworfen, orientierte sich nach Europa. 1976 wird das Land Vollmitglied im Europarat, 1986, zehn Jahre später, wird es Mitglied der EG. Jetzt sollen ein paar Jahrzehnte nachholen, was Jahrhunderte versäumt haben. Portugals wirtschaftliche Situation war desolat, nicht nur,

weil in den Jahren vor der Revolution 40 Prozent des Staatshaushaltes für die Kriege in Afrika ausgegeben wurden. Portugal krankte seit langem an der Struktur seiner Wirtschaft. So wie man vom „betrogenen Betrüger" spricht, so hat man Portugal – mit dem Blick auf England – als „kolonialisierte Kolonialmacht" bezeichnet.
Eine touristisch-augenfällige Demonstration dieses portugiesischen Paradoxes entdeckt man, wenn man von Porto aus über den Douro nach Vila Nova de Gaia hinüberschaut. Dort haben die sechzig oder achtzig Firmen ihren Sitz, die den Portwein herstellen. Fast fühlt man sich an die Themse versetzt, wenn man die Namen der Unternehmen auf den großen Firmenschildern liest: Sandeman, Taylor, Delaforce, Mackenzie, Dow, Cockburn, Graham, Croft! In der Tat, am Portwein läßt sich die Geschichte der jahrhundertelangen Handelsbeziehungen zwischen Portugal und England demonstrieren – eine Liaison, in der England der weitaus stärkere Partner gewesen ist.
Englische Reisende haben den Daheimgebliebenen ein romantisches Bild Portugals gemalt:

Verfallne Klöster auf der Klippen Höhn,
Von grauem Kork die steile Schlucht umhüllt;
Das Alpmoos, braun von glühnder Lüfte Wehn,
Bergstürze, sonnlos, von Gestrüpp erfüllt,
Azurglanz auf den stillen Tiefen mild,
Der grüne Hag goldfarbig übersprengt,
Der Waldstrom rauschend in den Abgrund wild,
Weinhügel, Weiden – Alles bunt vermengt
Zu einer einz'gen Schau, wo Reiz an Reiz sich drängt.

So heißt es – ein bißchen holprig übersetzt – in der Versdichtung „Ritter Harolds Pilgerfahrt" von Lord Byron. Die Wirklichkeit aber sah anders aus, denn die meisten Engländer kamen nicht als genialische Poeten, sondern als nüchtern kalkulierende Geschäftsleute.

Ein Lehrstück zwischen Hochzeit und Handel: die englisch-portugiesischen Beziehungen

Aber die englisch-portugiesischen Beziehungen reichen viel weiter in die Vergangenheit zurück, verständlich, wenn man die Lage der beiden Länder am westlichen Rand Europas bedenkt. Sie mußten in Kontakt kommen. So wurde schon zu Beginn des 14. Jahrhunderts ein erster Freundschafts- und Beistandsvertrag zwischen beiden Staaten unterzeichnet, so wurde die Schlacht von Aljubarrota (1385), an die heute das Kloster Batalha erinnert, zu einer Bewährungsprobe dieser Verbindung, denn damals retteten Portugiesen und Engländer zusammen die Unabhängigkeit des Landes von Spanien, dem ewigen „Erbfeind". Zwei Jahre später wurde das Waffenbündnis besiegelt durch eine Eheschließung: König João I., der Begründer der Dynastie Avis, vermählte sich mit Philippa, der Tochter des Herzogs von Lancaster.
Auch die Dynastie Braganza hatte ihre portugiesisch-englische Eheverbindung: die Infantin Catarine wurde mit dem englischen König Charles II. verheiratet. Als Mitgift brachte sie neben einem stattlichen Geldbetrag die Städte Tanger und Bombay mit in die Ehe. Charles sandte im Gegenzug englische Truppen zum Kampf gegen Spanien nach Portugal, ließ sich diese Hilfe allerdings mit einer ganzen Reihe von Konzessionen bezahlen: Handelsprivilegien für englische Kaufleute in den portugiesischen Überseegebieten, eine eigene Gerichtsbarkeit für englische Untertanen in Portugal, Vorzugszölle für englische Waren beim Import nach Portugal.
Als Schlüsseldatum der portugiesischen Geschichte ging dann das Jahr 1703 in die Annalen ein. Damals wurde der nach dem Namen des englischen Gesandten genannte Methuen-Vertrag geschlossen, unter dem unübersehbaren Nachdruck der vor der portugiesischen Küste kreuzenden englischen Flotte. In dem Abkommen verpflichtet sich Portugal „für immer" zum unbeschränkten Import englischer Textilien, England verpflichtet sich, ebenfalls „für immer", zum Import portugiesischer Weine zu einem Vorzugszoll.
Solch ein Vertrag scheint auf den ersten Blick vernünftig. Seine Auswirkungen auf Portugals Entwicklung waren aber eher ein Desaster. Im Rausch der aus den Kolonien hereinströmenden Produkte waren die Portugiesen zu einem Volk von Händlern und Kaufleuten geworden. Die eigene Landwirtschaft wurde vernachlässigt, so wie der Aufbau einer eigenen Industrie versäumt wurde. Portugal importierte und exportierte – aber es produzierte nicht. Diamanten etwa aus Brasilien wurden eingeführt, wurden ausgeführt und mußten dann nach der Bearbeitung zu Schmuck wieder eingeführt werden.
Der Methuen-Vertrag unterband also die Entstehung einer Textilindustrie in Portugal, und er führte zu einer Monokultur der Rebe. Englische Unternehmer begnügten sich nicht damit, portugiesischen Wein zu importieren, sie wurden selbst zu Grundbesitzern und Weinproduzenten. Verdrängt wurden dadurch andere landwirtschaftliche Produkte, aber auch die kleinen Weinbauern. Der Marquês de Pombal zog eine erschreckende Bilanz der portugiesischen Wirtschaft:

Im Jahre 1754 produzierte Portugal kaum etwas für seinen eigenen Unterhalt; zwei Drittel seiner physischen Notwendigkeiten wurden von England geliefert. Mit ihrem Monopol auf allem gab es kein Geschäft, das nicht durch ihre Hände ging. Diese Ausländer aber verschwanden, nachdem sie ungeheure Vermögen angesammelt hatten und nahmen dabei die Reichtümer des Landes mit sich.

1756 gründete Pombal dann die „Companhia Geral da Agricultura das Vinhas do Alto Douro". Portwein trägt seinen Namen nach der Stadt Porto, doch die Kellereien sind auf dem anderen Ufer des Douro zu Hause, in Vila Nova de Gaia, und die Trauben selbst, aus denen der

Portwein entsteht, werden am mittleren Lauf des Douro gezogen. Noch heute existieren dort Reglements von fast Pombalscher Strenge:

Nicht jeder Wein der Region darf als Portwein etikettiert werden. Es sind fest umrissene Gebiete, die das Gütezeichen führen und die vom Portwein-Institut in Porto mit dem Anbau privilegiert sind. Der Anbau-Streifen mißt ungefähr hundert Kilometer, etwa die halbe Länge des durch Portugal strömenden Rio Douro, von der Ortschaft Barqueiros bis Barca de Alva, wo der Strom die spanische Grenze berührt.
Auch müssen die Anbaugebiete am Stromufer liegen oder am Ufer der Nebenflüsse des Rio Douro. Die Ausdehnung des Portwein-‚Imperiums' ist bereits durch Gesetz von 1757 festgelegt worden ... Wahrscheinlich handelt es sich hier um das älteste obrigkeitlich kontrollierte Weinbaugebiet der Welt.
(Gustav Faber)

Gekeltert werden die Trauben an Ort und Stelle, dann aber wird der Rebensaft flußabwärts nach Vila Nova transportiert. Dort entsteht in den Kellereien der Portwein, der ja nicht ein Wein ist wie alle anderen: durchschnittlich acht Jahre lagert der Wein, wird kontrolliert, umgefüllt, mit anderen Weinen, aus derselben Region natürlich, verschnitten. Vor allem aber wird dem gärenden Wein Alkohol in Form von Branntwein zugesetzt. Dadurch wird die Gärung unterbrochen, die Süße bleibt erhalten und der Wein wird höherprozentig. Süß und stark: so lieben's die Briten!
Wir aber wollen, spaßeshalber, noch einmal einen deutschen Reisenden zu Wort kommen lassen, einen mäkeligen Schriftsteller, Gerhard Nebel, der Portugal im vortouristischen Zeitalter besucht hat:

Der Porto unterliegt einer strengen Kontrolle, man wünschte sich für den deutschen Wein eine halb so entschiedene Aufsicht. Eine straffe Organisation – kaum hatte ich das Hotel betreten, als mir vom Verband der Portwein-Hersteller Proben gebracht wurden. Dieses Getränk wirkt in mir keine Begeisterung, sondern macht mich schwerfällig, es bestraft mich mit Sodbrennen. Es ist kein Wein der dialogischen Situation und der Freundschaft, kein Wein der Einfälle und Durchblicke, der überraschenden Kombinationen, er brauchte meinetwegen nicht zu existieren, und nur eine einzige positive Erinnerung verbindet mich mit ihm: eines Tages reichte mir Ernst Jünger einen Sandeman Porto meines Geburtsjahrganges.

1903! Aber natürlich kommen auch deutsche Portugalbesucher vom Schlage eines Gerhard Nebel im Land auf ihre Kosten. Es gibt nicht nur Portwein, es gibt schwere und leichte, weiße und rote Weine, es gibt den Rosé und es gibt – als zweite portugiesische Spezialität neben dem Portwein – den „vinho verde", den „grünen Wein", wenn man übersetzt. Angebaut wird er am unteren Douro und im Minho, und wenn man dort unterwegs ist, kann man die ungezählten kleinen Weingärten nicht übersehen, denn die Reben werden in luftiger Höhe, zwei oder drei Meter über dem Boden gezogen, als Laube oder als Pergola. An Zäunen und selbst an Bäumen ranken sie sich empor – und sind so vor dem Bodennebel geschützt, den es im Norden Portugals häufig gibt. Die Trauben, aus denen der vinho verde entsteht, werden frühzeitig, nicht ganz ausgereift, geerntet: so ist der Wein leicht und spritzig.

Kreuzritter, Flüchtlinge, Touristen: viele Wege führen (von Deutschland) nach Portugal

Was aber die deutschen Reisenden angeht: sie haben Portugal eigentlich erst spät entdeckt. Das Tal des Douro ist nicht das Tal der Loire, der Minho ist nicht die Toscana, Porto ist nicht Mailand und Lissabon nicht Rom. Die Touristen-Algarve schließlich ist ein Kind der siebziger und achtziger Jahre.
Dennoch gab es natürlich immer Beziehungen vieler Art zwischen Deutschland und Portugal. An ihrem Beginn steht ein Kreuzritter, Heinrich von Bonn, der bei der Belagerung von Lissabon fiel und an dessen Grabstätte auf dem Kirchhof São Vicente dann Wunderheilungen geschahen – welch gutes Omen! Erinnern wollen wir an Oswald von Wolkenstein und an den Nürnberger Martin Behaim, in Portugal bekannt als Martinho Boémio. Er nahm an der zweiten Entdeckungsfahrt des Diogo Cão teil, die bis zur Kongomündung und an die Küste Angolas führte. Nach der Heimkehr in seine Vaterstadt Nürnberg verfertigte er dort den berühmten Globus, der das neue Weltbild dokumentierte. Ebenfalls in Nürnberg entstand 1515 Dürers Holzschnitt mit dem Rhinozeros. 1513 war es aus Indien nach Lissabon gebracht und dem König zum Geschenk gemacht worden. Zeichnungen und Berichte gelangten nach Nürnberg. Mit ihrer Hilfe und mit künstlerischer Phantasie entstand dann das Konterfei des Nashorns.
Solche Details sind gewissermaßen die kulturhistorischen Fußnoten der deutsch-portugiesischen Beziehungen. In der Hauptsache ging es immer um Geschäfte und um Politik, und wie andere Länder wurde auch Portugal aus Deutschlands zahllosen Fürstenhäusern mit standesgemäßen Partien für die regierende Dynastie versorgt, man denke nur an Ferdinand von Sachsen-Coburg-Gotha, der selbst auf den portugiesischen Thron kam.
Weniger spektakulär war die Arbeit deutscher Gelehrter, die sich für das ferne Portugal und seine noch ferneren Kolonien interessierten. Einen einzigen dieser Wissenschaftler wollen wir nennen: den Botaniker Friedrich Welwitsch. 1846 schickte ihn eine gelehrte Gesellschaft aus Württemberg nach Portugal, um dort Pflanzen zu sammeln. Das tat er mit so großem Eifer, daß die portugiesische Regierung ihn anschließend nach Angola schickte, damit er dort Pflanzen zusammenbrächte. Das tat er mit Erfolg und wurde später Direktor des Botanischen Gartens zu Lissabon. 1872 ist er gestorben, 1873 wurde in Lissabon ein neuer Botanischer Garten angelegt, der heute auch eine Erinnerung an die koloniale Vergan-

genheit des Landes ist. Selbst das blasierte Weltkind Felix Krull läßt sich von dem exotischen Bild faszinieren:

Koniferen riesenhaften Wuchses, schätzungsweise einhalbhundert Meter hoch forderten zum Staunen heraus. Von Fächer- und Fiederpalmen aller Art und aus allen Erdteilen strotzte das Lustgelände, dessen Pflanzenüppigkeit sich an gewissen Stellen urwaldartig verschlang. Exotische Schilfarten, Bambus und Papyros, säumten die Ziergewässer, auf denen buntfarbige Braut- und Mandarinenenten schwammen. Vielfach war die Palmlilie zu bewundern mit dem dunklen Grün ihres Blätterschopfes, aus dem große Büschel weißer Glockenblüten hoch emportrieben. Und da waren denn auch die erdaltertümlichen Baumfarne, an mehreren Stellen zu wirren und unwahrscheinlichen Wäldchen zusammentretend, mit wucherndem Unterholz und schlanken Stämmen, die sich zu Wedelkronen gewaltiger Blätter breiteten …

Vergeblich habe ich dort allerdings nach der zu Ehren ihres Entdeckers Welwitschia mirabilis genannten Pflanze gesucht, einem der „sonderbarsten phanerogamischen Gewächse aus der Familie der Gentaceen", wie mich das Lexikon belehrt. Dafür aber habe ich auf einem der Wege im Garten eine Samenkapsel der Jacaranda mimosifolia aufgelesen und als Souvenir mitgenommen, ein holziges, blattförmiges Gebilde, das beim Trocknen aufgesprungen ist und jetzt ein bißchen an das halbgeöffnete Maul irgendeines Fabelwesens erinnert. Ach, hätte ich aus dem Samen einen Baum ziehen können, eines Tages wäre ich ein reicher Mann geworden, denn Jakarandaholz ist Palisanderholz, eines der edelsten und teuersten Kunsthölzer.
Aber auch ein paar ernsthafte Gedanken sind mir auf den schattigen Wegen des Jardim Botânico durch den Kopf gegangen, Gedanken an die Emigranten, die vor einem halben Jahrhundert hier in Lissabon festsaßen und auf ein Visum oder einen Schiffsplatz warteten. Wie oft mögen sie, um die Zeit zu vertreiben, um das Warten erträglicher zu machen, über diese Wege gegangen sein? Ihnen saß die Angst im Nacken. Sie haben wohl nicht phantastische Pläne für die Zukunft gesponnen.
Alfred Döblin war einer dieser deutschen Emigranten in Lissabon:

Wenig angenehme Gerüchte über Portugal hatte man uns zugetragen: man würde gleich bei der Ankunft auf der Bahn festgehalten werden, man würde uns nicht nach Lissabon hineinlassen, in Lissabon hielten sich auch schon Tausende von Flüchtlingen auf, die Polizei schiebe die Neuankommenden in die Provinz und in Lager ab. Nun, wir verließen mutig, getränkt von diesen Gerüchten, den Zug. Wir gingen im Getümmel der Reisenden zur Sperre. Wir gaben wie normale Menschen unsere Billets ab. Keine Pässe wurden uns abgefordert. Niemand stellte uns. Wir fuhren in die Stadt herunter. Es war zwei Uhr nachts. Wir fuhren durch strahlend helle Straßen, auf denen sich Scharen fröhlicher Menschen bewegten. Ja, so mit Licht, Musik und Lachen empfing uns Lissabon.

Das war 1940. Aber schon 1933 hatte Döblin, der Verfasser von „Berlin Alexanderplatz", Deutschland verlassen müssen. Er war nach Frankreich in die Emigration gegangen. 1940 marschierten Hitlers Truppen in Frankreich ein und Döblin, wie viele Tausende Schicksalsgefährten, mußte ein zweites Mal fliehen, kam schließlich über französische Internierungslager und Spanien nach Lissabon.
Rund 80 000 Flüchtlinge oder Emigranten, so hat man berechnet, sind über Portugal in die rettende Neue Welt gelangt, nach Mexiko, nach Brasilien, in die Vereinigten Staaten. Die beiden Diktaturen Spanien und Portugal sind im Zweiten Weltkrieg neutral geblieben – erst am 6. Mai 1945, gerade einen Tag vor der deutschen Kapitulation, wird Portugal die diplomatischen Beziehungen zum Dritten Reich abbrechen.
Das „neutrale" Pflaster Lissabons verwandelte die Stadt während der Kriegsjahre fast in ein europäisches Casablanca. Diplomatische Kanäle führten von Botschaft zu Botschaft, und im Dunkel gingen die Geheimdienste ihren diversen Tätigkeiten nach, darunter natürlich auch der deutsche SD, Himmlers Sicherheitsdienst. Er etwa hat in Lissabon den Journalisten Berthold Jacob entführt und später ermordet. So war Lissabon nicht nur eine Stadt des Lichts und der Musik, es war für die Emigranten auch eine Stadt der Angst, der Verzweiflung, eine Falle, die immer noch zuschlagen konnte:

Die Küste Portugals war die letzte Zuflucht geworden für die Flüchtlinge, denen Gerechtigkeit, Freiheit und Toleranz mehr bedeuteten als Heimat und Existenz. Wer von hier das gelobte Land Amerika nicht erreichen konnte, war verloren. Er mußte verbluten im Gestrüpp der verweigerten Ein- und Ausreisevisa, der unerreichbaren Arbeits- und Aufenthaltsbewilligungen, der Internierungslager, der Bürokratie, der Einsamkeit, der Fremde und der entsetzlichen allgemeinen Gleichgültigkeit gegen das Schicksal des Einzelnen …

So beginnt „Die Nacht von Lissabon", ein Roman, in dem Erich Maria Remarque versucht hat, die Stimmung der Zeit, die Stimmung der Stadt einzufangen. Heinrich Mann erzählt in seiner Autobiographie „Ein Zeitalter wird besichtigt" vom Aufenthalt in Lissabon und dem nahen Seebad, wo er Quartier gefunden hatte. Alma Mahler-Werfel und Stefan Zweig, Hans Habe und Lion Feuchtwanger haben in Lissabon Abschied von Europa genommen, und so gehört die Stadt auch in eine Geschichte der modernen deutschen Literatur.

Alfred Döblin, ein deutsches Schicksal zwischen Berlin, Alexanderplatz und Lissabon, Hauptpost

Am ausführlichsten hat Alfred Döblin in seiner „Schicksalsreise" über die Wochen und Monate in Lissabon berichtet, denn immer wieder verzögerte sich die Abreise nach Amerika. Döblin erzählt von einer kleinen Pension, vom bunten Leben auf der Straße, schreibt fast eine Dantesche Höllenvision vom Lärm in der Stadt: „Lissabon ist, industriell gesprochen, ein moderner Großbetrieb zur Erzeugung von Lärm". Aber Döblin erlebt auch Hilfsbereitschaft und Solidarität. Und dann ist da noch die Post, für die Flüchtlinge das eigentliche Zentrum der Stadt:

Die Hauptpost von Lissabon war flach, langgestreckt, gelb getüncht und von einer Säulenhalle umgeben, wie alle Gebäude hier. Uns interessierten nur die Schalter für Poste Restante.
Sie lagen hinten in einem kleinen Seitengang, an die Wand geschoben wie wir selbst. Man fand sie aber leicht. Denn es waren viele, die sie suchten. Sie stellten sich hier in Trupps, in Reihen auf, die Flüchtigen, die Schiffbrüchigen und fragten nach Briefen und Telegrammen. Die meisten waren gut gekleidete Herren und Damen und trugen auf ihren Gesichtern und in ihren Bewegungen die Zeichen ihres Schicksals: die trübe Unruhe und Spannung. Manche fragten schon stumpf und gingen stumpf. Sie haben schon lange gefragt; man antwortet nicht. Manche bekamen einen Brief, dann stürzten mehrere hinzu und diskutierten mit ihnen. Man kam vormittags oder abends hierher, manche vormittags und abends.

Wenn man sich mit diesem Kapitel der deutsch-portugiesischen Beziehungen beschäftigt, kommt man früher oder später zu der Überlegung, daß Diktatur offensichtlich nicht gleich Diktatur ist. Die Menschen, denen es gelungen war, bis nach Portugal zu kommen, waren vor der faschistischen Hitler-Diktatur geflohen. Aber auch der „Estado Novo", der „Neue Staat" Salazars war eine Diktatur mit faschistischen Zügen. In rücksichtsloser Brutalität wütete die PIDE, die Geheimpolizei, gegen Andersdenkende. Jahrzehntelang wurde das Land geknebelt und in totaler Abhängigkeit von den herrschenden Clans und Cliquen gehalten.
Die Flüchtlinge sind durch die Maschen dieses Systems geschlüpft. Antisemitismus gehörte nicht zur Staatsdoktrin. Portugal verstand sich als Transitland, hatte natürlich aber auch bürokratische Mauern um seine Grenzen errichtet. Im November 1939 erging eine Weisung an alle Botschaften und Konsulate, welchen Kategorien von Personen ohne ausdrückliche Genehmigung aus Lissabon keine Visa mehr erteilt werden durften: Staatenlose, Inhaber von Nansen-Pässen, Russen und aus ihren Heimatländern vertriebene Juden.
Dann kam der Juni 1940 mit dem deutschen Einmarsch in Belgien und Frankreich. Ein Exodus begann, ein unübersehbarer Flüchtlingsstrom wälzte sich nach Süden, viele, die deutschen Juden, schon zum zweiten Mal auf der Flucht. Der portugiesische Konsul in Bordeaux, Aristides de Sousa Mendes, war an seine Weisungen gebunden: keine Visa ohne Zustimmung aus Lissabon. Aber Sousa Mendes hielt sich nicht an die Weisung. Er stellte jedem, der darum bat, ein Visum aus. Er arbeitete Tag und Nacht, er wies die Außenstelle Bayonne an, ebenso zu verfahren, er ließ sich von seiner Frau und den größeren Kindern beim Einsammeln der Pässe, beim Abstempeln helfen, schlug sein Büro, um die Arbeit zu beschleunigen, schließlich sogar in der Straße auf. Es war ein Wettlauf um Leben oder Tod für die meisten Flüchtlinge. Zwischen dem 17. und dem 23. Juni wurden in Bordeaux und Bayonne 30 000 Visa für Portugal ausgegeben. Es war die größte Rettungsaktion für Juden, so hat man geschrieben, die ein einzelner Mensch unternommen hat. Eine andere Geschichte ist es, daß Sousa Mendes im Oktober 1940 von seinem Posten abberufen wurde, daß er ein Disziplinarverfahren bekam und ohne Pension in den vorzeitigen Ruhestand geschickt wurde. Als er mit seiner Familie zum Essen in eine jüdische Wohlfahrtseinrichtung in Lissabon kam, fragte man ihn, ob er Jude sei. „Nein", soll er geantwortet haben, „ich bin nur Flüchtling."
Und eines Tages kamen dann wieder andere Deutsche: nicht mehr gehetzte Juden oder verfolgte Gegner des Dritten Reiches; es kamen Touristen und Geschäftsleute, es kamen bald auch wieder Deutsche in Uniform. Portugal war 1949 Gründungsmitglied der NATO und hatte während des Kalten Krieges in den NATO-Konzepten als „strategisches Hinterland" außerhalb der Reichweite der russischen Mittelstreckenraketen große Bedeutung. Anfang der sechziger Jahre entstand bei Beja, der Heimat der Mariana Alcoforado, eine Luftwaffenbasis für die Ausbildung von Bundeswehrpiloten.
Die meisten Deutschen freilich kamen als Touristen. Vor der Nelkenrevolution hatte sich das Land eher abgekapselt. Man verzichtete auf die Entwicklung einer touristischen Infrastruktur und förderte vor allem einen eher elitären Tourismus. „Wohlhabende Reisende", so die Überlegung Salazars, „bringen mir zwar Geld, aber keine aufrührerischen Ideen ins Land." Nach spanischem Vorbild ließ der Diktator seit 1940 die sogenannten „Pousadas" einrichten. Das waren meistens denkmalgeschützte Schlösser oder Klöster in Staatsbesitz, die nun zu komfortablen Hotels ausgebaut wurden – mit echten Möbeln aus den Magazinen der Museen. Rund 40 Pousadas existieren heute, ziemlich gleichmäßig über das Land verteilt, von der Pousada de São Bartolomeu bei Bragança bis zur Pousada do Infante auf einem Kliff bei Sagres.
Aber diese Politik eines Tourismus für die „happy few" – vor allem Engländer haben Portugal immer als Reiseland goutiert – wurde von der Entwicklung überrannt. Die Strände, die Städte und Dörfer der Algarve wurden zum Schauplatz eines Touristenbooms sondergleichen. Verlorene Winkel verwandelten sich in Brennpunkte des Fremdenverkehrs, Hotelkomplexe schossen aus dem Boden, und die happy few haben alle Mühe, ihre paradiesischen Reservate zu verteidigen. Aber tröstlich versichert uns ein Reiseführer, eine „flächendeckende Benidormisierung" der Algarve sei ausgeblieben. Sein Wort ins Ohr der Tourismus- und Immobilienbranche!

Schon im zehnten Jahrhundert hat der Dichter Ibn Mukana die Windmühlen des Landes besungen: „Wenn du wirklich ein Mann bist / dann brauchst du eine Mühle, die mit den Wolken arbeitet / und die nicht abhängig ist von den Wasserläufen …“ (bei Odemira)

Bei São Teotónio: trockene Erdschollen hat der Pflug hinterlassen, aber die beiden Korkeichen prangen im frischesten Grün.

Wem es an der Praia da Luz zu unruhig oder zu heiß ist, der findet ein paar Minuten landeinwärts diesen stillen, romantischen Weg.

Damit die Korkeichen nicht in den Himmel wachsen und so das Entfernen der Rinde erschweren, werden sie durch Schnitt kurz gehalten. „Erntezeit“ ist alle sieben Jahre. (bei Santo André)

In großen Stapeln wird die Korkrinde am Straßenrand vor dem Transport gelagert – später sieht man sie auf schlingernden Lkws. (bei Melides)

Landschaft bei São Teotónio: fast hat man den Eindruck, daß sich die Wogen des nahen Ozeans auch auf dem Festland fortsetzen.

Irgendwo in der Serra de Monchique: Baum und Felsblock sind in der Einsamkeit einer frühlingsbunten Wiese nahe zusammengerückt …

Dicht besiedelt ist die hügelige, fruchtbare Landschaft der alten Provinz Estremadura; hier die Ortschaft Sobral da Abelheira.

Hier am Mittellauf des Douro, wo „die Reben Steine essen und Sonne trinken", liegt das auf den Hektar genau festgelegte Anbaugebiet für die Trauben, aus denen der Portwein hergestellt wird (bei Pinhão).

Nächste Seite:

Gar nicht mehr südlich-heiter wirken die Berge der Serra de Monchique, wenn Regenwolken über das Land ziehen.

Mit besonders vielen Landschaftsstimmungen versucht sich die Natur in dem verhältnismäßig kleinen Land Portugal – hier sind es Schwermut und Melancholie ... (bei Nazaré)

Wasserlandschaft am Rio Mira bei Odemira: die Bewässerungssysteme in Portugal gehen oft auf die maurische Zeit zurück.

Portugiesischer Reis: eine Reiskultur in der Nähe von Montemor-o-Velho am Unterlauf des Rio Mondego.

Die Landschaft um Corte Pinto: gelbe Lupinen (fast) so weit das Auge reicht; und gleich dahinter fließt der Rio Chança, der Grenzfluß zu Spanien.